어느 날,
갑자기, 사춘기

입을 닫은 아이 마음 들여다보기

어느 날, 갑자기, 사춘기

윤다옥 지음

교양인
GYOYANGIN

차 례

여름 _ 아직은 보살핌이 필요한 나이

가을 _ 아이들은 절대로
부모를 포기하지 않는다

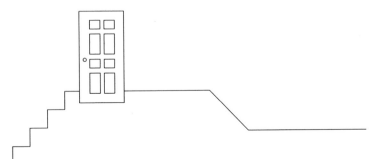

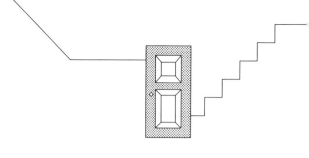

겨울 _ 지치지 않고 꿈을 꾸게 하려면

나는 상담 교사입니다. 중학교에서 아이들에게 그들의 눈높이로, 또는 정서적으로 가장 가까이 접근해 있는 어른이며, 교사이자 상담자로 생활하고 있습니다. 어른인 데다 교사이기도 하니 아이들 마음에 입장을 허락받는 일이 쉽지만은 않습니다. 그리고 어쩐지 해가 갈수록 입장 조건이 까다로워지는 것 같습니다.

학교에서 아이들을 만나고 또 가정에서 두 아이를 키우면서 새삼스럽게 알게 된 것이 하나 있습니다. 부모의 일, 상담자의 일, 농부의 일이 서로 같다는 것입니다. 하는 일이 어쩜 그렇게 똑같은지, 참 신기할 뿐입니다. 상담자는 내담자에게 제2의 부모라고도 할 수 있습니다. 성장 과정에서 적절하지 못했던 돌봄을 교정하고 재교육하는 역할을 합니다. 자신이 소중한 사람임을 느낄 수 있게 해주고, 다른 사람과 더 원활하게 소통하도록 도와줍니다. 농부가 토양을 건강하게 준비하고, 씨앗을 심고, 싹이 움틀 때까지 기다리고, 또 적절하게 보살펴주듯이, 상담자는 상대의 마음의 소리를 귀 기울여 듣고, 그 마음에 희망과 온기의 씨앗을 심고, 묵묵히 관심을 쏟으며 기다려 싹이 트는 모습을 지켜봅니다. 그리고 상대가 필요로 하는 것에 적절하게 반응하며 더 건강하게 성장할 수 있도록 돕습니다. 상담자든, 부모든, 농부든 모두 기약 없이 길고 긴 과정에서 진심과 정성을 다하고, 끈기 있게 기다리며, 마음을 쏟는 대상과 함께하는 사람들입니다.

아이들을 대하면서 특히 어려운 일은 마음을 제대로 듣고 알아차리는 일입니다. 사춘기 무렵의 아이들은 조금만 어긋나도 입을 닫아버립니다. 가장 솔직하게, 진심으로 대할 때에만, 그리고 선생님이 정말 그렇다고 자기들 마음으로 믿을 때에만 아이들은 마음을 보여줍니다. 아이들 마음을 알아보고 비춰줄 때 대화가 시작되는데, 아이가 세워놓은 마음의 벽이 너무 높고 단단해 보여서 문을 두드릴 엄두가 나지 않아 주춤거릴 때도 많습니다.

그리고 기다리는 일. 사실 이 부분이 가장 힘듭니다. 여러 차례 상담을 해도 아무런 변화가 없는 것 같아서 내가 지금 하는 일이 소용이 있기나 한 건지, 제대로 하는 건지, 언제까지 해야 하는 건지 고민하며 기다리는 일이 대부분입니다. 이러다 아이가 더 다칠까 봐, 도움이 필요한 순간을 놓칠까 봐 걱정스럽고 불안할 때도 많습니다. 희망을 품고 진득하게 기다리는 게 중요한데 참 쉽지 않습니다.

특별한 어떤 것을 주려고 애쓰지 않고 그저 함께 있어주는 것도 중요합니다. 아이가 스스로 필요하다고 느낄 때, 아이가 원하는 것을 주는 게 아니라면 아무 보탬이 안 됩니다. 이 모든 걸 잘 알면서도 조급해질 때가 많습니다. 조바심에 아이보다 먼저 이런저런 목표나 계획을 세우고 어른인 내가 보기에 더 좋은 방법을 들이밀기도 합니다. 아이의 속도에도 맞지 않고 아이의 요구에도 맞아떨어지지 않는 그런 제안들은 거부당하기 마련입니다. 결국 후회를 하면서 내 기준으로 판단하지 말자, 성급해지지 말자고 다짐을 하곤 합니다. 내가 나름의 관심과 사랑을 주고 있다는 것은 중요하지 않습니다. 아이가 자신이 존중받고 배려받고 사랑받고 있다고 여기는지를 확인해봐야 합니다. 그래야만 아이에게 성급히 실망하지 않고 기다릴 수 있고, 아이에게 선생님의 기대를 저버렸다는 부담감을 안겨줄 일도 줄어들어 서로를 한결 편안히게 바라보고 관계를 맺을 수 있는 것 같습니다

학교에서 10년 넘게 교사로서 아이들을 만났지만, 다른 여느 부모들처럼 사춘기 내 아이를 대하는 일은 여전히 어렵습니다. 뭔가를 열심히 했으면 좋겠다 싶은 그런 시간이면 어김없이 잠들어버리고, 아니면 게임이나 SNS, 무의미한 것 같은 일에 매달려

있기도 합니다. 인생에 보탬이 될 것 같은 일을 권하면 무조건 거부감부터 드러냅니다. 부모인 내 말보다 친구의 말을 더 중요하게 받아들이고, 온통 친구와 함께 시간을 보내려 듭니다. 품 안의 살갑던 아이가 이런 식으로 멀어지니 염려도 됩니다. 가장 힘든 건 아이의 마음을 쉽게 알아차릴 수 없어 답답하다는 점입니다.

가만히 생각해보면, 어떤 양상으로 나타나든 이러한 사춘기의 모습은 아이들이 성장하고 있다는 증거입니다. 이 사실을 기억하려고 합니다. 아이들은 지금 부모 품의 아기에서 독립된 어른이 되어 가는 중입니다. 이 과정에서 시행착오를 거치는 것은 예방 주사를 맞는 것과 같습니다. 주사를 맞으면 열도 나고 아플 수도 있지만 그렇게 기른 면역력이 있어야 각 발달 단계마다 주어지는 인생의 과업을 성취할 수 있습니다.

누구도 완전하지 않기 때문에 걱정도 하고 실수도 합니다. 어떨 땐 그 불안감에 한걸음도 못 떼고 괴로워하기만 합니다. 적절한 도움을 받고 싶고, 더 좋은 방법이 있다면 그대로 해보고 싶습니다. 세상 모든 부모가 같은 마음이 아닐까 싶습니다. 그렇게 서로 경험을 나누고 배울 수 있다면 상담 교사로서 내가 겪은 일들이 보탬이 될 수 있겠다 생각했습니다. 그런 마음을 담아 이 책을 세상에 내놓습니다. 이 책에는 학교에서 아이들을 만나면서 겪은 일, 요즘 교실에서 실제로 일어나는 일, 사춘기의 심리적·

행동적 특성을 바탕으로 하여 사춘기 자녀를 이해하고 더 건강하고 행복한 아이로 양육하는 데 보탬이 되는 내용을 담고자 했습니다. 다만, 세상 모든 아이들은 저마다 특별한 존재이므로 어떤 공통된 원리와 공식만으로 대할 수 없다는 점을 꼭 기억해주시기 바랍니다. 이 책이 사춘기 아이의 마음에 가 닿는 여러 갈래 길 중 하나가 되면 좋겠습니다.

오늘도 내 아이들, 세상 모든 아이들이 자기 자신을 소중히 여기고 함께하는 사람들과 따뜻함을 나누며 살아가길 기원합니다.

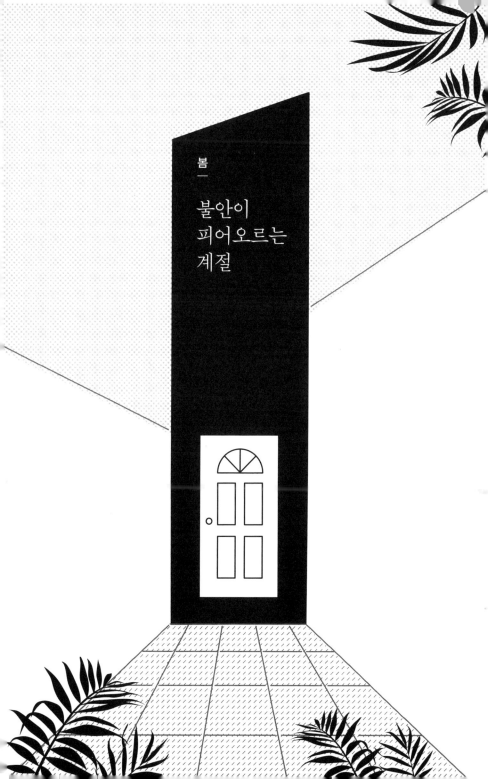

봄
—

불안이
피어오르는
계절

믿을 수 있는 어른이 된다는 것

김춘수의 〈꽃〉은 언제 처음 알게 되었는지 기억나지 않지만 상담을 전공하면서 더 특별하고 의미 있게 내 마음에 다가온 시다.

"내가 그의 이름을 불렀을 때, 그는 나에게로 와서 꽃이 되었다. (……) 나도 그의 꽃이 되고 싶다. (……) 우리들은 모두 무엇이 되고 싶다."

상담을 하면서 내가 아이들에게 무엇을 해줄 수 있을지 종종 생각하곤 한다. 유달리 온화하고 포근한 성격도 아니고, 남달리 지혜롭지도 않고, 특별히 긍정적이지도 밝지도 않은 내가 아이들에게 무엇을 줄 수 있을까…… 생각해보면 꼭 내가 훌륭하고 완성된 존재가 아니라도 더 나은 가치와 의미를 말하고 또 그 방향을 가리켜 알려줄 수는 있을 것 같다. 조금 더 먼저 배우고 경험하면서 알게 된 것들을 아이들과 나누는 것이다. 그리고 그것에 앞서 아이들에게 해줄 수 있는 일도 점차 알게 되었는데, 아이들한 명 한 명의 이야기를 들어주고 마음을 알아주는 거였다.

한 학생이 생각난다. 심리 검사에서 우울 점수가 약간 높아서 아이 상태를 점검해보려고 상담실로 부른 것이었다. 겉으로 드러나는 큰 문제는 없었다. 무난한 친구 관계, 중상위권 성적, 무난한 학교 생활, 대체로 평범한 가정, 아주 눈에 띄는 정도는 아니지만 외모도 괜찮은 아이였다. 그런데 심각한 수준은 아니지만, 조금씩 사는 게 힘들다고 했다. "특별히 잘하는 것도 없고, 내세울 것도 별로 없어요. 얼굴도 예쁘지 않고, 매력이 없어서 불만이에요. 공부도 언니에 비해 그리 잘하지 못해요. 잘하는 애들에 비하면 대학 진학이나 취업도 제대로 못할 것 같아요. 어울리는 친구들이 몇 명 있지만 정말 편안하게 마음을 주고받을 수 있는 관계는 아니에요. 그 아이들이 나를 어떻게 여길까 신경 쓰여서 늘 조심해서 말하고 행동하는 편이고요. 나는 그냥 눈에 띄지 않는 그런 사람이라고 생각해요. 그 대신 마음속에서는 뭔가가 들끓고 있는데, 항상 마음이 불안하고 무거운 느낌이 들어요." 얘기를 나누던 중에 "내가 보기엔 넌 얼굴도 예쁘고, 이미지도 참 괜찮은데……."라고 했더니 아니라며 받아들이지 않았다.

내가 보기에는 여러모로 참 예쁜 아이인데, 안타까웠다. 스스로 자신에 대해 만족하지 못하니까 다른 사람이 아무리 "너 참 괜찮은 사람이야."라고 말해줘도 믿을 수가 없었을 거다. 그 말을 간절히 믿고 싶으면서도 한편으론 저 사람이 아직 나의 진짜 모습을 못 봐서 저런 말을 한다고, 나를 정말 알게 되면 실망할 거라고 생각하는 것이다. 그래서 안 들키려고 자기도 모르게 뒷걸음치기가 쉽다. 이런 얘길 했더니 그 아이는 나보고 어떻게 알았냐며 놀라워했다.

이 아이에게 자신을 사랑하고 인정할 수 있는 특별한 계기가 생기지 않는다면 겉보기에는 무난하게 지내는 듯하지만, 자기 스스로는 늘 만족스럽지 않고 무거운 마음을 달고 살게 될지도 모른다. 공부든 뭐든 어떤 일을 해도 자기가 잘 해낼 수 있을까 싶어 주저하고 전전긍긍하다 정작 자기 역량을 충분히 발휘하지 못하게 될까 염려된다. 원하는 게 있어도 자신이 그걸 가질 자격이 될까 싶어 망설이다 놓치고 두 번째나 그 다음으로 무난한 것을 선택하는 그런 삶을 살고 싶지는 않을 텐데 말이다.

태어나면서부터 자기가 어떤 사람인지 아는 사람은 없다. 우리는 대체로 부모를 비롯한 중요한 타인과 상호작용을 하면서 자신이 어떤 사람인지 정보를 얻는다. 성장 과정에서 필사적으로 작동하는 의존과 사랑의 욕구(혹은 사랑과 인정의 욕구)가 중요한 역할을 한다. 유아기에 부모와 맺은 관계에서 이 욕구들이 충족되어 만족과 신뢰를 느낀다면, 그 감정을 바탕으로 자기 자신과 타인, 그리고 세상을 믿을 수 있게 되는 것이다.

배가 고파서, 아니면 몸이 불편해서 울 때 엄마가 와서 젖을 주거나 기저귀를 갈아주고 온화한 눈길과 목소리로 살펴주면 아기는 만족한다. 특별히 뭔가를 하지 않아도 보살핌을 받고 예쁨을 받는 경험을 하면서 '내가 사랑받는 존재구나', '가치 있는 존재구나'라는 자기상이 심어진다. 자기 자신과 타인, 그리고 세상에 대한 신뢰가 형성되는 것이다. 이와 달리 아무리 울어도 엄마가 오지 않거나 차갑고 날카로운 반응을 반복해서 경험하면 아기는 자기 욕구가 타당하지 않고, 자기 존재가 무가치하다고 느끼게 된다. 나의 어떤 행동이 부모가 일방적으로 정해 둔 기준을 충족했을 때에만 애정 어린 눈빛과 손길을 받는다면 자신의 존재 가치에 불안과 혼란을 느끼게 된다. 이런 상태로 아동기, 청소년기, 성인기를 보내다 보면, 자신감, 대인 관계, 학업, 여러 영역의 수행, 직업 등 많은 면에서 부적절감과 불만족감을 느끼기 쉽다.

생애 초기의 경험은 한 사람이 세상을 보는 안경의 렌즈 색을 결정한다. 이 안경을 통해 보면 세상사, 다른 사람과의 관계, 거울에 비친 내 모습, 이 모든 것들이 한 가지 색깔로 물드는 것이다. 새 안경을 찾아 쓰지 않는 한 이 틀에서 벗어나기는 쉽지 않다. 안경을 고쳐 쓰는 방법, 즉 자신을 새로이 인정하고 받아들일 수 있는 방법은 여러 가지가 있다. 아직 성장기일 때 부모가 부모 교육을 받고 더 적절하게 부모 역할을 해주는 것, 종교적인 경험이나 여러 간접 체험을 하며 얻는 깨달음, 타인과 새로운 관계 맺음을 경험하는 것 등이다.

내가 학교에서 아이들에게 해주고자 하는 것이 바로 마지막 방법이다. 아이들이 신뢰할 수 있는 대상이 되려고 한다. 우리는 자기 자신을 믿기 전에 우선 다른 누군가를 신뢰할 필요가 있기 때문이다. "너는 왜 자신을 못 믿니?"라고 다그칠 게 아니라, 스스로 믿을 수 있도록 해줘야 한다. 누군가를 신뢰해본 경험이 있어야 자기 자신을 믿을 수 있다.

나와 함께 나눈 관계 경험을 통해 아이들에게 어떤 누군가는 자신을 기존 지인들과는 다르게 볼 수도 있음을 알게 해주고 싶다. 그리고 자신을 지금까지와는 다르게 바라볼 수 있도록 힘을 보태주고 싶다. 그래서 자신의 모든 것이 바람직하거나 괜찮지 않더라도, 자신을 좋아하고 자신이 있는 그대로 받아들여질 만하다고 생각하면 좋겠다. 이렇게 자신을 사랑하고 인정하게 되면 나 아닌 다른 사람도 더 쉽게 사랑하고 인정하는 아름다운 순환이 이뤄질 것이라 믿는다. 오늘도 나는 상담실에서 더 잘 듣고 더 잘 알아볼 수 있기를 바라며 아이들을 기다린다.

입을 닫은 아이

\\\\\\

사춘기 자녀를 둔 부모라면 자신도 모르게 아이의 눈치를 본 경험이 있을 것이다. 대수롭지 않은 일로 말을 건넸다가 아이가 느닷없이 짜증을 내거나 말을 끊는 바람에 당황하거나, 종일 무표정하게 입을 닫고 있는 아이가 걱정되어 더 조심스럽게 살핀 적이 있을 것이다. 온종일 재잘거리며 사랑스런 눈빛을 반짝거리던 내 아이가 어느새 말 없는 사춘기 아이가 되어버렸음을 실감하게 된 날이 기억날 것이다.

상담실에 오는 아이들 중에서도 말이 없는 아이는 대하기가 참 힘들다. 어떤 날은 '실패'도 한다. 아이의 마음을 여는 열쇠를 찾지 못해 그냥 돌려보낸 적도 있고, 또 어떤 경우에는 열쇠를 찾았어도 시간이 적절하지 않아 다음 기회를 기다려야만 했다. 아이가 마음을 나눌 준비가 안 되어 있거나, 상대인 내가 안전한지, 믿을 만한 사람인지 확인이 더 필요하기도 했던 것이다.

한번은 친구와 함께 며칠 가출을 했다가 돌아온 중1 학생을 면담했다. 담임 선생님이 의뢰한 상담이었다. 아이의 속내를 듣고 적절한 도움을 주고 싶었지만, 상담실에서 함께 있는 한 시간 내내 아이는 별말 없이 고개만 숙이고 있었다. 중학교 생활을 시작한 지 얼마 되지 않아 가출을 할 수밖에 없었던 사정이 무엇인지, 불만족스럽고 피하고 싶었던 것이 무엇인지, 원하는 게 무엇인지, 아무것도 듣지 못했다. 가출했다 돌아와 학교 상담실에서 처음 보는 선생님과 마주 앉은 아이의 심정이 어떨지 헤아려보기도 했지만 결과는 마찬가지였다. 어차피 억지로 말을 시키는 게 도움이 되는 것도 아니기에 되도록 편안히 있게 해주고 싶었다.

아이에게 편안한 시간이었는지 모르겠지만 어설픈 강요 대신 함께 있다는 느낌을 주고 싶었다. 혹시 자신을 내버려 둔다는 느낌을 받거나 또 말하고 싶은 마음이 들었을까 싶어 중간중간 "네 마음에 편치 않은 게 있을 것 같은데 네 마음이 가벼워지게 도와주고 싶다." "학교 생활을 좀 더 편안하게 느끼도록 도와주고 싶다." "쌤이 도와줄게." "쌤이 도와주고 싶어." 같은 말을 했다. 어쨌든 그날 한 시간 동안의 상담은 별 소득 없이 끝났다. "의논하고 싶거나 얘기하고 싶을 때 언제든 찾아오렴." 이렇게 말하고는 그냥 돌려보냈다. 그리고 몇 달이 지나 복도에서 그 아이와 마주쳤는데, 아이는 옆에 있던 친구한테 "야, 너도 저 쌤한테 상담받아

봐. 저 쌤은 계속 도와주고 싶다고 했어."라며 미소를 지었다.

부모들은 "사춘기 아이들과 대화를 많이 해야 한다." "사춘기 때 아이와 관계 형성이 중요하다." 같은 이야기를 많이 들어 봤을 것이다. 그런데 문제는 대화를 구체적으로 어떻게 해야 하는지 모른다는 데 있다. 배웠던 예시 상황과 조금씩 다른 경우가 많고, 비슷한 상황에서 배운 대로 해봐도 기대와 다른 결과가 나올 때도 많다. 아이가 의아한 눈빛으로 보거나 평소처럼 무반응으로 자기 방에 들어가버리기도 한다. 더구나 대화를 하다 감정이 격해져서 화를 내고 상처 주는 말을 하고 더 감정이 상하기도 한다. 이럴 때는 분명 '대화의 기술'이 중요하다. 특히 표현하는 요령을 익힐 필요도 있다. 그렇지만 먼저 나와 아이의 상호작용 패턴이 어떤지, 어디에 소통의 걸림돌이 있는지를 알아야 그것을 피해 가며 대화를 효과적으로 이어갈 수 있을 것이다. 상처받은 경험이 많은 아이일수록 말수가 적기 쉬우며 입을 열기까지 시간이 많이 걸린다. 그동안 부모나 주변 어른들에게 속은 경험이 많다면 시간이 더 오래 걸릴 수도 있다.

학교 상담을 하면서 좋은 점은 아이가 성장하는 모습과 변화하는 과정을 가까이서 지켜볼 수 있다는 것이다. 그리고 아이가 도움을 요청하는 순간에 바로 옆에서 힘이 되어줄 수 있다는 점도 좋다. 때로는 아이가 스스로 도움을 요청할 수 있는 힘을 기르도록 '관심'이라는 거름을 꾸준히 주어야 하는 경우도 있다. 상담 효과가 다 비슷하게 긍정적으로 나타나지는 않는데, 거기엔 여러 요인이 있겠지만 아이가 도움을 요청할 줄 아는지 여부도 중요하다. 도움을 요청할 줄 아는 아이는, 타인에게 마음을 열 줄 아는 기본적인 관계 형성 능력이 있다고 볼 수 있다. 인생 초기부터 자신이 주변에 뭔가 도움을 요청했을 때 누군가 관심을 기울여 들여다봐줬던 경험이 중요하게 영향을 끼쳤을 것이다. 바빠서, 피곤해서 또는 별로 중요하지 않은 얘기 같아서 아이가 내민 손을 무심코 거절하지 않았는지 되돌아보자. 아이가 도움을 요청하기를 포기하지 않도록 오늘 다시 한 번 아이의 무언의 속삭임에 귀 기울여보자.

친구 없는 교실

〰〰〰〰〰

　오래전 중학교 입학하던 날이 떠오른다. 겉으로는 아무렇지 않은 척 차분해 보였겠지만 낯가림이 심했던 나는 마음이 거의 얼어붙어 있었다. 한참 말없이 운동장에 줄을 서 있는데 다른 학교 출신인 같은 반 친구가 관심을 보이며 먼저 말을 걸어주었다. 그때부터 내 중학교 생활이 풀리기 시작했던 것 같다.

　학년 초에 실시하는 심리 검사 결과를 보면 아이들의 높은 긴장과 불안이 확연히 드러나는 경우가 많다. 학습 부담에서 오는 스트레스도 많지만, 사춘기 아이들의 경우 또래의 영향력이 크다 보니 그로 인한 어려움을 많이 호소한다.

　"엄마, 나 중학생 되면 친구 잘 사귈 수 있을까?"

　특히 여자아이를 키우는 엄마들 가운데 이런 말을 들어본 경우가 있을 것이다. 한 학부모는 "처음 들었을 때는 안타깝고 마음이 아팠는데, 해마다 듣다 보니 이제는 솔직히 아이한테 화가 날 때도 있어요."라고 조심스럽게 말했다. 아이가 여전히 걱정되고 안쓰럽지만, 한편으로는 부모로서 아이를 제대로 도와줄 수 없다는 좌절과 무기력이 그렇게 표현됐을 것이다.

얼마 전에 상담실에 온 아이는 다른 학교에 다니는 절친과 관계를 고민했다. 제일 마음이 잘 맞는 친구인데, 그 친구가 다른 아이랑 더 친해진 것 같다는 내용이었다. 새 학년을 앞두고 불안이 큰 데다 의지하던 친구 관계까지 흔들리니 힘들었던 거다. 문제는 이 아이가 지난해에도 학교와 학급에서 마음 터놓을 친구를 사귀지 못했다는 점이었다.

입학한 지 며칠도 되지 않아 친구 문제로 상담실을 찾은 학생도 떠오른다. 초등학교에서 잘 지냈던 친구와 한 반이 되어서 좋아했는데 그 친구는 자신이 아닌 다른 애들과 어울리려는 것 같고 자신에 대한 험담을 할 것 같아 신경이 많이 쓰인다고 했다. 이러다가 같이 다닐 만한 친구를 사귀지 못하게 될까 봐, 무리에 끼지 못하고 혼자 남을까 봐 두렵게 됐니. 다른 아이들은 서슴없이 친해지고 금방 많은 친구들을 사귀는 것 같은데, 자신은 왜 그게 안 되는지 너무 힘들다는 것이다. 이런 호소를 하는 아이들은 어느 시점부터는 "성격을 바꾸고 싶다." "다른 학교로 전학 가서 처음부터 새로 시작하고 싶다." "아무도 나를 모르는 곳에서 새 출발을 하고 싶다."는 얘기를 하곤 한다. 이제 겨우 열 몇 살인 아이가 관계에서 오는 불안과 버거움에 지쳐서 하는 말이다.

　이런 아이들에게 "다른 애들을 사귀면 되지." "그런 거 신경 쓰지 말고 공부나 해." "지금은 친구가 없어도 돼. 나중에 사귀면 돼."라는 말은 별 도움이 안 된다. 이런 말들은 아이가 입을 점점 다물도록 할 뿐이다. 아이의 말은 "다른 애들은 이미 친한 그룹이 있는데, 거기 들어가기는 너무나 어렵다."라는 뜻이다. 아이는 그런 것도 몰라주는 부모님과 선생님이 답답할 뿐이다. 등하굣길에 혼자 걸어가는 게 다른 아이들 눈에 얼마나 '찌질하게' 보일지 걱정하고, 이동 수업이나 점심 시간에는 혼자 어떤 자세로 어디에 시선을 두고 있어야 할까 고민하며 친구 없이 긴 하루를 전전긍긍하며 보낸다는 것은 아이들에게는 정말 괴로운 일이다. 가장 먼저 해야 할 일은 이 괴로움이 결코 가볍지 않음을 인정해주는 것이다. 학교에서, 교실에서 그 긴 시간을 아이 혼자 견뎌내는 것이 얼마나 힘들었을지 알아줘야 한다. 많은 경우 이렇게 마음을 알아주는 것만으로도 자연스럽게 잘 적응해 나간다.

　친구 관계는 발달 단계에 따라 변화한다. 유아기부터 성인기까지 그 양상이 다르다. 특히 사춘기를 전후로 해서 친구 관계에서 질적인 변화가 나타난다. 점차 외적인 요인보다 심리적인 요인에 영향을 더 받게 된다.

아동기까지는 생활 중심, 놀이 중심으로 친구 관계를 맺는다. 가족끼리 친하거나 집이 가까워서, 또는 바로 옆자리라서 자주 보는 아이와 친구가 된다. 그러다 고학년이 될수록 자신의 취향에 맞는 상대를 친구라고 여기게 된다. 청소년기 친구는 '마음의 친구'라고 할 수 있다. 서로 내면을 깊이 이해해줄 관계를 원한다. 특히 여자아이들은 감정과 비밀을 나누면서 우정이 깊어지고, 남자아이들은 여자아이들보다 자기 노출과 감정 나눔은 적은 대신 함께 활동하며 친밀감과 '의리'를 나눈다. 이 단계를 잘 거쳐야 친구에 대한 의존과 동일시에서 자유로워지고 서로 존중하는 친구 관계를 유지할 수 있다.

좋은 친구를 찾고 자신도 좋은 친구가 되는 방법은 무엇일까?

우선 아이들이 긴 시간을 보내는 교실에서 함께 어울릴 수 있는 친구들을 찾아야 한다. 누가 먼저 다가와주기를 마냥 기다리거나 급한 마음에 자기와 잘 맞는지 살펴보지도 않고 어울렸다가 한참 동안 마음 앓이를 하기도 한다. 밝은 인사를 먼저 건네도록 격려해주고, 저마다 만남과 관계 형성의 속도가 다르다는 사실을 알려주고 다독여주자. 어떤 아이는 그룹으로 어울리는 것을 편하게 여길 수 있다. 반대로 단짝 친구만 고집할 수도 있다. 이럴 때 아이의 타고난 성향인지, 아니면 다른 부적응 요소에 영향을 받은 것인지 살펴보는 게 좋다.

아이가 관계를 맺는 데 주춤거린다고 적극적으로 나서보라고 무작정 등을 떠밀면 오히려 역효과가 나기 쉽다. 또 일상에서 생기는 소소한 갈등이나 어긋남을 너무 심각하게 받아들여 관계를 일방적으로 끊어버리거나 회피하지 않도록 알려주어야 한다. 유연하게, 그게 잘 안 된다면 차라리 무심한 듯 대응하는 것도 효과적일 때가 많다.

초등학교 때까지는 학기 초의 불안을 부모에게 잘 얘기하던 아이라도 중학생이 되고 사춘기가 되면 속마음을 잘 드러내지 않는 경우가 많다. 부모님이 걱정할까 봐, 또는 창피해서, 또는 혼나거나 핀잔을 들을까 봐 같은 여러 이유로 말할 수 없다고 한다. 그래서 부모가 받아들일 수 있는 얘기만 하는 경우가 많다. "우리 아이는 중학생이 되어서도 집에 와서 얘기 잘하는데……." 하고 말씀하시는 분들이 종종 있는데, 그 시절의 자신을 떠올려 보면 마음속 얘기를 다 하진 않았다는 걸 기억해낼 수 있을 것이다. 내 아이도 마찬가지다. 다 안다고 생각하지 말기. 그렇다고 사춘기 아이의 모든 것을 다 알아내려고 하는 것도 문제다. 아이는 더 교묘히 감출 것이고 관계는 더 꼬이기 쉽다. 그리고 다 알수도 없다. 아이가 그동안 키워 온 힘으로 부딪쳐보도록 기회를 줘야 한다. 그러다가 스스로 견뎌내기 벅차다 싶을 때 와서 얘기할 수만 있다면 그보다 더 바람직한 관계는 없을 듯하다. 이렇게 부모와 관계에서 얻은 안정감을 기반으로 삼아 아이는 독립의 과정을 헤쳐 나갈 수 있을 것이다. 중간중간 관계에서 상처를 받더라도 다시 용기를 내서 관계 맺기를 시도할 수 있을 것이다. 자기 자신에 대한 신뢰, 관계에 대한 신뢰를 여러 번 경험할수록 자신을 드러내 보이게 될 것이다.

관계의 불안에 지쳐 있는 아이에게 용기를 북돋워주는 건 중요하다. 나만 겪는 일이 아니라고, 소중한 인연을 만들기 위해 내가 한발 더 내딛는 노력을 해야 할 때도 있다고, 한두 번 시도에 실망하지 말자고 말해주자. 물론 그 과정에서 외로울 수도 있고, 슬프고 아플 수도 있다. 그래서 조금 떨어져 있지만 그리 멀지 않은 거리에서 지켜봐주는 어른이 필요하다. 아이가 손을 내밀 때 언제든 잡아줄 수 있는 어른, 더 강하고 뛰어나서가 아니라 먼저 살아 왔기에 책임감 있게 함께 버텨줄 수 있는 어른이 필요하다. 버텨주는 만큼 아이는 더 자유롭게 자신의 힘을 발휘하고 조절할 것이다.

열등감이라는 이름의 덫

WWWW

    중학생이 된 후 우리 집 딸아이는 감정의 롤러코스터를 타는 일이 늘었다. 잘 적응하고 안착했다 싶어 안심하는 순간 다시 괴로워하며 가라앉곤 한다. "엄마, 선생님이 공부 잘하는 ○○보고, 뭘 또 잘했다고 칭찬하면서 '우리 ○○이~'라고 그러더라." "나는 머리가 나쁜가 봐." "특별히 잘하는 게 없어." "나중에 뭐 해먹고 살지?"

    사춘기는 왜 그렇게 힘든 걸까? 아동기 끝 무렵 사춘기가 시작되면서 자의식이 본격적으로 두드러진다. 자신과 타인을 구별하며 외부로 향했던 시선이 자신에게 맞춰지기 시작한다. 청소년기 자아 중심적인 사고와 함께 혹독한 자기 검증도 나타난다. 그래서 어떤 날은 근거 없이 자신만만해하다가 어떤 날은 한없이 열등감에 휩싸이기도 한다. 거기다 모든 학교 생활이 학업 성취에 맞춰져 있다 보니 대부분의 아이들은 좌절감과 열등감에 시달릴 수밖에 없다.

열등감은 자기를 남보다 못하거나 무가치한 사람이라고 낮춰 평가하는 감정이다. 이 덫에 한 번도 안 걸려본 사람은 없을 거다. 다행히 열등감 자체는 병이 아니다. 더 가치 있는 사람, 더 괜찮은 사람이 되는 방향으로 노력하게 만드는 동기가 될 수 있다. 문제는 열등감으로 매사에 자신감을 잃는 경우다. 특히 사춘기 아이들에겐 이 열등감이 통과의례다.

학업 성취 이외에는 관심과 인정을 받기 어려운 상황에서 스스로 자신이 어떤 사람인지, 무엇을 할 수 있고, 무엇을 하고 싶은지에 대한 답을 찾아내야 한다. 자신의 약점(단점)과 장점을 있는 그대로 볼 수 있다면 그 답을 훨씬 손쉽게 찾을 수 있다.

요즘 학교 아이들과 행복해지기 위한 여러 연습을 하고 있다. 그 가운데 하나가 '관점 바꾸기'다. 최근 자신이 겪은 부정적 사건을 긍정적인 관점으로 보거나, 자신의 단점을 긍정적인 관점으로 다르게 보는 활동이다. 관점을 바꾼다고 해서 이미 일어난 일을 없었던 일로 만들 수는 없다. 자신의 취약한 점이 없어지는 것도 아니다. 그렇지만 관점을 바꿔보면, 부정적인 감정에 휩싸여 계속 괴로워하지 않아도 된다는 걸 알게 된다. 그건 그대로 두고도 다른 희망, 긍정적인 감정을 품을 수 있음을 배운다.

한 아이는 평소 자신이 엄청 예민해서 싫었는데 '섬세하고 관찰력 있다'고 생각할 수 있어서 좋았다고 한다. '쉽게 포기하는 태도'는 다른 관점에서 보면 '현실적인 태도일 수 있고, 시간 낭비도 덜 할 수 있다'는 식으로, '계속 참다가 결국 폭발하는 성격'에 대해서는 '그래도 참은 경우가 더 많다, 자기표현을 하는 것이다' 등으로 바꿔보기도 했다. 이 활동을 하고 나서 아이들이 한 애기가 기억에 남는다. "안 좋은 점을 다른 관점에서 본다고 장점이 되는 건 아니지만 긍정적으로 보니 좋은 점도 있는 것 같아 새로웠어요." "주변 아이들이 나의 단점을 이상하게 생각하지 않는 게 놀라웠어요." "나는 항상 장점은 없고 단점만 많다고 생각했는데 나도 꽤 괜찮은 사람이라는 생각이 들었습니다." "아, 이렇게 볼 수도 있구나, 미처 생각지 못했는데. 스트레스가 조금이나마 풀리고 마음이 조금 변해서 따뜻한 느낌이 들었어요."

사춘기 아이들은 조금씩 혼란을 겪으며 자신이 어떤 사람인지 확인해 가는 과정을 거칠 수밖에 없다. 다행인 것은 사춘기가 손상된 자존감을 다시 회복할 수 있는 기회라는 점이다. 그렇다면 어른이며 부모인 우리가 할 수 있는 일은 무엇일까? 사춘기에는 아이가 느끼는 혼란을 함께 견뎌주는 게 중요하다. 이 과정을 거치며 아이는 자신의 감정과 생각이 인정받고 수용될 수 있음을 알게 된다. 나답게, 자신이 기준이 되어 생활할 수 있게 된다. "자신감을 가져." "자신 있게 행동해." "네가 뭐가 못났어!"라는

말로는 아이의 마음에 자신에 대한 신뢰와 사랑이 심어지지 않는
다. 아이가 원할 때 민감하게 반응해주고, 안정감을 가질 수 있
도록 기준을 마련해주고, 스스로 선택할 수 있게 기회를 넓혀주
고, 실패를 허용하고 지켜봐주는 부모의 행동이 필요하다.

공격하는 아이, 보복하는 부모

MMMM

사춘기 아이들의 미친 눈빛 뒤에는 불안이 있다. 태어나서 두 번째로 폭발적인 성장이 이뤄지는 이 시기의 아이들은 자신들의 신체적·심리적 변화가 때로는 감당이 안 된다. 급격한 기분 변화, 이유 없는 짜증, 벌컥 치미는 화, 성의 없고 삐딱한 태도 등은 아이들이 품고 있는 불안의 또 다른 모습일 수 있다. 아이들이 보내는 신호를 해석하는 방법을 몰라 서로 오해하고 갈등하는 경우가 많은 것 같다.

사춘기 자녀를 둔 학부모를 상담하다 보면 아이가 부모에게 거친 말이나 욕을 한다는 얘기를 자주 듣게 된다. "미친 ○, 너나 잘하지, 엄마면 다야? 왜 지랄이래, 아이씨○" 등등.

아이가 부모에게 하는 거친 행동이나 욕설은 정도가 조금씩 다르다. 큰소리로 대들거나 문을 쾅 닫기도 하고, 또래에게나 할 수 있는 반말이나 욕설을 내뱉기도 한다. 순간 욱하는 감정에 부모를 몸으로 밀치거나 때리는 경우도 있다. 이런 아이들이 모두 집 밖에서 문제 행동을 하는 건 아니다. 부모가 말하기 전까진 전혀 짐작도 못할 만큼 모범적인 태도를 보이는 아이들도 있다. 이 아이들의 행동은 사춘기여서 순간의 감정으로 불쑥 튀어나온 것일 수도 있고, 가정 내 문제나 가족 관계가 곪을 대로 곪아 행동으로 터져 나오는 것일 수도 있다. 전자라면 제대로 된 교육으로 해결할 수 있다. 후자라면 가족 내 원인을 찾아 풀어 가야 한다. 부모의 양육 태도에 변화를 주어야 하고, 심각한 경우라면 심리 치료도 고려해야 한다.

공격적인 행동에는 초기 대응이 중요하다. 부모 자녀 간 예의의 선을 벗어난 언행과 맞부딪쳤다면, 아이와 같은 방식으로 받아치지 않는 게 중요하다. 부모의 거친 맞대응은 아이를 방어적으로 만들어 자신의 잘못을 부모 탓으로 돌리게 한다. 결국 서로 더 거친 욕이나 몸싸움으로 상대를 제압하려 해 상황을 악화시킬 뿐이다. 갈등 상황을 회피하려는 부모도 있다. 심신이 지치고 약해져서 아이의 기세에 눌려 못 들은 척하거나 그냥 넘겨버리는 것이다. 이 또한 아이의 폭력적인 행동을 허용하는 부적절한 반응이다.

이럴 땐 단호함이 필요하다. 부모도 놀란 마음을 진정시키고 아이도 정신이 들 수 있는 잠깐의 시간, 몇 분 동안의 침묵이 좋다. 그리고 이런 행동은 용납되지 않는다는 단호한 태도를 보여야 한다. "엄마는 지금 너무 당황스러워. 엄마가 한 말이나 행동중에 너를 화나게 한 게 있는 건지, 아니면 네가 무엇 때문에 마음이 불편한 건지 말해주면 좋겠다." 변명이라 하더라도 자신의 행동에 대한 아이의 설명을 들어야 한다. 그리고 "다시는 이런일이 생기지 않아야 해. 순간적으로 화가 나도 그런 식으로 표현하는 건 안 돼. 다르게 표현할 수 있어."라고 앞으로의 규칙을 알려줘야 한다.

이 시기 아이는 부모의 심정, 힘들어하고 아파하는 모습을 제대로 보지 못할 수 있다. 그렇다고 부모가 뒤로 물러서서 '그럴수 있지, 이유가 있겠지.' 하고 지나치는 것은 관대하거나 유연한 태도가 아니다. 이는 무관심이거나 방임이다. 두렵더라도 부모로서 의연하게 직면해야 하는 순간이 있다.

상담 교사로서 감정이 급변하는 아이들을 꽤 자주 만나는 편인 나도 가끔 당혹스러울 때가 있다. 1학년 학급에서 주 1회 인성과 관련된 활동을 한 적이 있었다. 수업 시간 끝 무렵 활동 소감을 작성해서 내도록 했는데, 한 학생이 쓰지 않고 내서 다시쓰도록 했다. 그랬더니 다시 써 와서는 활동지를 한 손으로 교탁에 휙 던지듯이 올려놓으며 "이제 됐죠?"라고 말하고는 가버렸다. 순간 너무 당혹스러워 아무 말도 못했다. 수업을 시작한 순간부터 비협조적인 태도가 눈에 띄어서 그렇지 않아도 마음이 쓰이던 아이였다. 상담실에 돌아와서도 당황스럽고 불쾌한 느낌이 한참 이어졌던 것 같다. '이게 무슨 상황이지?' '이 애가 왜 이렇게 버릇없이 굴지?' '내 행동에 무슨 문제가 있었나?' '따로 불러서 아이의 태도에 대해 얘기를 나눠봐야 하나?' '그냥 모른 척하고 넘어가는 게 나을까?' 여러 생각들로 마음이 불편했다.

욱해서 폭발하는 아이들과 상담을 꽤 해봤지만 한 번도 격하게 부딪쳐본 적이 없었던 터라 남의 얘기로만 여겼던 상황이었다. '난 괜찮은 어른이고 말이 꽤 통하는 선생인데' 하는 그 틀이 손상된 느낌을 받았던 것 같다. 그리고 그 순간에는 아이의 행동을 이해하고 싶은 마음도 있었지만, 그보다는 버릇없음을 지적하고 가르치는 행동을 통해 내 상처와 화를 쏟아내고 싶은 마음이 좀 더 앞섰던 것 같다. 그렇게 찝찝한 기분으로 한참을 있었다. 조금씩 마음이 가라앉기 시작하는데 문득 그 아이의 눈빛이 떠올랐다. 참 반항적이고 화가 가득 차 있는 눈빛이었는데, 거기에 한 가지 감정이 더 들어 있었다. 불안으로 흔들리는 눈빛이었다. 떨리는 목소리로 "이제 됐죠?" 하던 그 마음이 어땠을지 짐작이 됐다. 그 순간 그 아이 마음이 얼마나 불안하고 불편했을까 하는 생각이 들면서 그 아이에게 났던 화와 내 미숙한 자존심에 났던 상처가 눈 녹듯이 사라졌던 게 지금도 생생히 기억난다.

그 다음 주에 그 아이가 있는 반에 들어갔을 때 편안한 얼굴로 아이를 대할 수 있었고, 이후에도 아이의 활동 내용에 티 나지 않게 조금씩 더 관심을 기울였다. 그런 시간들이 쌓여 드디어 아이가 보내는 부드러운 눈빛을 받을 수 있었고, 우리가 꽤 가까워지면서 아이의 적대적인 태도와 관련된 다른 얘기도 들을 수 있었다.

많은 아이들이 욱해서 불손한 행동과 공격적인 말을 내뱉고 시간이 좀 지나 진정이 되고 나면 "그때 내가 왜 그랬는지 모르겠어요." "나도 내 마음을 모르겠어요."라고 말한다. 아이 자신도 당황스럽고 불안한 것이다. 자신감이 없고 스스로 약하다고 느껴질 때, 그래서 불안하고 두려울 때, 그런 나를 들키고 싶지 않아 자신도 모르게 공격적인 모습을 드러낸다고 보면 된다. 어른인 나를 되돌아봐도 낯설지 않은 모습이다.

겉으로 드러나는 적대적인 태도와 행동에만 초점을 맞춘다면 그 아이가 진짜 말하고 싶어 하는 것은 듣지 못하게 될 것이다. 아이의 내면세계와 만날 수 있는 기회를 얻으려면 그 아이의 행동 뒤에 있는 감정이 무엇인지 보아야 한다. 그리고 이렇게 감정이 격해 있고 혼란스러울 때는 잠시 시간을 두고 안정을 찾을 수 있게 기다려주는 게 낫다. 대부분 사람들은 이성보다는 감정으로 먼저 반응하기 쉽기 때문에 감정 면에서 받아들일 준비가 되어 있지 않을 때는 아무리 옳은 얘기라도 먹히지 않는다.

더 중요한 것은, 어른인 나의 흥분을 가라앉힐 시간이다. 막강한 어른의 힘으로 아이에게 보복하기 쉽기 때문이다. 의도했던 것보다 더 심하게 아이를 윽박지르거나 화를 쏟아낸 뒤 미안함을 느낀 적이 있을 것이다. 내 경우에도 우리 집 아이들이나 학교 아이들에게 감정적 보복을 휘두른 적이 없다고 자신 있게 말할 수가 없다. 내 상한 감정이 미처 회복되지 않아서 그사이 자기가 한 행동을 잊어버리고 곁에 와서 달라붙는 아이에게 차갑고 퉁명스럽게 말을 잘라버리기도 했고, 상대를 하고 싶지 않은 마음에 못 본 척 관여하지 않았던 적도 있다. 부끄럽고 아프다.

아이의 공격성에 보복하지 않기! 이 시기의 짜증과 화, 삐딱함, 반항이 너른 품에서 받아들여질 때 아이의 내면이 더 건강해짐을 잊지 않겠다고 또 한 번 다짐한다.

'너무 순한' 아이가 걱정된다면

WWWWW

　동생 문제로 상담을 받고 싶다며 찾아온 학생이 있었다. 온순하고 내성적인 초등 고학년 남동생이 또래 남자애들한테 놀림도 받고 친구가 별로 없는 것 같다며 걱정을 했다. 이 아이 말고도 우리 학교 학생들 중엔 남동생 문제로 상담실을 찾는 경우가 꽤 있다.

　이 누나들의 걱정이 나에겐 낯설지 않다. 나도 어렸을 때 수줍음을 많이 타서 동네 구멍가게에서 혼자 과자를 못 살 정도였고, 아들인 큰애도 온순한 편에 그리 활동적이지 않아서 친구 관계가 늘 신경 쓰였다. 남자아이들에게는 운동이 중요하다고 해서 초등 저학년 때 주말 축구 교실 같은 곳도 보내봤지만 내 마음처럼 되지 않았다.

　주변 부모들을 봐도 특히 아들의 성격이 내성적일 때 걱정이 많다. 여리고 순한 아이가 앞으로 얼마나 치이며 살아갈지 지레 근심이 된다는 것. 편견이나 선입견일 수 있지만 많은 부모가 동의할 거다. 책을 읽거나 혼자서 하는 활동을 편안해하고 온순해서 크게 말썽 부리는 일도 없지만 또래 사이에서 소외당하는 듯한 낌새가 보이면 마음이 아프다. 게다가 아이 자신도 괴로워하는 상황이면 부모가 어디까지 어떻게 개입해야 하나 고민이 된다. 남자아이들 특유의 놀림과 집적거림에 적절하게 대처하도록 도움을 줘야 하는데 해결책 찾는 게 쉽지 않다.

내성적인 아이가 자기 색깔대로 살아갈 수 있도록 어떻게 도와줄 수 있을까? 필요할 때 자기 목소리를 내고 자신을 방어할 수 있게 하려면 어떻게 도와줘야 할까? 아이가 낯선 환경이나 낯선 사람을 접할 때, 자신 없이 위축되는 모습을 보이는 경우에 부모인 나는 어떤 태도를 보였나 생각해보자. 아이가 부모의 지나친 간섭, 강요, 비난에 위축돼 소심한 모습을 보일 수도 있다. 남들이 자신을 어떻게 볼까 두려워하는 것이다. 완벽하지 못한 자신의 모습, 실수에 대한 불안이 커서 관계를 회피하는 경우도 많아질 수 있다.

부모는 활달하고 외향적인데 아이가 소극적이고 내성적인 경우 부모 입장에서는 그런 아이를 답답해할 수 있다. 부모는 "잘할 수 있어."라고 격려하지만, 사실은 아이의 감정을 부정하며 억지로 등을 떠다민 것은 아닌지 돌아볼 필요도 있다. 아이를 격정하고 답답해하는 부모의 표정과 행동 자체가 아이를 모자라고 부족한 사람으로 규정해버리는 셈이 될 수 있다.

타고난 기질이나 성격을 부모가 바꿀 수는 없다. 먼저 아이를 있는 그대로 인정하고 긍정해주자. 이런 아이들은 먼저 다가가 폭넓게 다양한 친구들을 사귀지는 못하지만 누군가를 천천히 깊게 사귈 수 있다. 단점을 없애려 하기보다는 장점을 더 강화할 수 있도록 돕는 게 효과적이다. 자신만의 영역에서 만족감이 쌓이면 여유가 생기고 부딪치는 일들에 훨씬 잘 대처하게 된다. 집적거리는 아이들에게도 훨씬 더 유연하게 반응하고 휘둘리지 않게 될 거다.

거짓말, 거짓말, 거짓말

〰〰〰〰

"엄마한테는 숨길 마음이 안 생겨. 결국엔 다 아니까." 큰애가 말한 적이 있다. 사춘기 초기에 몇 건의 거짓말이 크게 걸리고 난 후 제법 시간이 지났을 때 한 말이다. 물론 아직도 작은 거짓말은 하는 것 같다. 습관적이거나 심각하고 위험한 거짓말은 아닌 것 같아 내심 다행스러워하면서 '거짓말이 통하지 않는다'는 기본적인 생각이 변하지 않도록 관심을 기울이고 있다.

한번은 담임 선생님의 무게감 있는 권유로 상담실에 오게 된 아이가 있었다. 상담을 받으러 온 것에 대해 어떤지 물었더니 "안 좋죠. 엄마랑 선생님이 상담받아보라고 해서."라고 말했다. 담임 선생님과 엄마가 상담을 권한 이유는 거짓말하는 문제 때문이라고 했다. "거짓말을 고치고 싶긴 해요. 그런데 그 순간이 다가오면 빨리 모면하고 싶은 마음에 입에서 툭 튀어나와요. 엄마가 화낼 때 무서워요. 왠지 엄마한테 혼나지 않으려면 거짓말을 해야 할 것 같아요."

거의 모든 아이들이 거짓말을 한다. 아이들은 커 가면서 자연
스럽게, 정상적인 과정의 하나로 거짓말을 하게 된다. 사실을 있
는 그대로 말하는 것보다 더 높은 단계의 기술이 거짓말이라는
말도 있다. 아이들은 성장하면서 더 정교하게 거짓말을 한다. 그
러니 "우리 아이는 절대 거짓말 못 해요(안 해요)."라는 말은 하
지 말자. 내가 우리 집 순진한 아이에게 놀랐던 것도 눈 하나 깜
짝 안 하고 자연스럽게 거짓말을 하는 모습 때문이었다. 학교에
서 만나는 아이들도 내 아이처럼 '진실한' 표정으로 거짓말을 하
는 걸 보곤 한다. 도리어 억울해하는 모습을 볼 때는 '내가 잘못
생각했나?' 싶을 정도다. 아이들의 거짓말을 구별하는 게 쉽지는
않지만, 수준 높은 기술이라고 권장하거나 그냥 두고 볼 수는 없
는 일이다. 잦은 거짓말은 문제가 있다는 신호다.

사춘기가 되고 아이들 삶의 폭이 넓어질수록 거짓말의 양상도
다양해진다. 단순히 어떤 일을 하기 싫어서, 혼나거나 벌 받는 것
을 모면하려고, 관심을 끌거나 과시하기 위해서, 우정을 지키기
위해서, 자신의 이익을 위해서, 다른 심각한 문제를 숨기느라 거
짓말을 한다.

거짓말하는 버릇을 고쳐놓겠다고 매를 들기도 하고 동네 파
출소에 끌고 가는 경우도 있는데, 효과적이지 않다. 매 맞는 아

픔과 무서움, 수치심을 알게 되면 거짓말을 하지 않을 것 같지만, 그렇지 않다. 앞의 아이처럼 그 상황을 벗어나기 위한 거짓말이 저절로 나오기도 하고, 더 교묘한 거짓말을 만들어내기도 한다. 부모와 거리감을 느끼게 만들거나 반항심을 키우기도 쉽다. 또 "커서 뭐가 되려고 벌써부터 거짓말을 하니?" "넌 입만 열면 거짓 말이야." "이 거짓말쟁이!" 같은 말은 거짓말이라는 행동이 아닌 아이의 존재 자체를 비난하고 거부하는 게 된다. 이로 인한 상처 는 깊고 오래간다. 이 문제도 결국 대화로 풀어 나가야 한다.

아이가 거짓말을 한다면, 우선은 거짓말을 하게 된 상황을 살펴보고 아이의 행동을 이해하려는 마음이 필요하다. 아이의 거짓 말이나 행동에 동의해주어야 한다는 의미가 아니다. 아이의 마음에 관심을 두어야만 도울 수 있다. 그러지 않고서 왜 거짓말을 했는지 캐묻기만 한다면 아이는 더 거짓말을 하게 된다.

만약 거짓말을 할 수밖에 없는 상황에 놓여 있다면, 아이를 처벌하거나 압박을 가하는 것이 별 효과가 없다. 아이가 지킬 수 없는 규칙이나 제한은 불필요하다. 규칙이나 제한은 아이를 돕기 위한 것인데, 도리어 아이를 망치고 괴롭히기만 한다면 조정을 하는 것이 맞다. 거짓말을 적게 하길 바란다면 아이가 지켜야 할 바를 분명히 약속하고 지속적으로 지키도록 요구해야 한다. 약속이나 규칙을 정할 때는 아이의 참여도 필요하고, 특별한 일이 생겼을 때는 예외도 인정해주는 것이 좋다.

거짓말한 아이를 궁지에 몰아넣지 말자. 증거를 손에 쥐고 아이가 사실대로 말하는지 계속 거짓말을 하는지 시험하는 부모도 있는데, 이 방법은 관계를 해치기도 하고 성공률도 낮다. 사춘기쯤 되면 증거가 바로 눈앞에 있지 않다면 잘 인정하지 않는다. 억울해하며 더 방어적으로 나오기 쉽다. 결국 증거를 들이밀며 아이에게 굴욕감을 느끼게 하는 것이 얼마나 도움이 될까. 아이를 이기는 것이 목적이 아님을 기억할 필요가 있다.

예쁘게 화장하는 아이들

〰〰〰〰

사춘기 아이들에게 외모는 중요하다. 자기 몸의 이미지, 또래 사이에서 자기 위치 설정, 자신감에 많은 영향을 준다. 외모 꾸미기는 단순히 자기표현의 영역을 넘어서 또래 집단의 영향력과 결부되어 갈수록 더 중요해지고 있다.

상담을 받으러 온 아이가 "화장 안 한다고 피해요."라며 친구에 관한 고민을 털어놓은 적이 있다. 유치원 때부터 가장 가까운 친구였는데, 중학교 들어와서 어느 순간부터 그 친구가 거리를 두기 시작했다는 것이다. 다른 친구를 통해 "니 화장도 안 하고 그래서 같이 다니기 좀 그렇다고 하더라."라는 얘기를 들었다고 했다. 아이는 자기는 아직 화장에 관심이 없는데, 친구 마음에 들려고 화장을 해야 하는 건지 고민된다고 했다.

화장하는 아이들을 걱정하고 단속하는 상황에서 초점이 안 맞는 고민이라고 볼 수도 있지만, 이 일이 아이에게 얼마나 중요한 문제일지 짐작하기는 어렵지 않다. 이 시기 아이들에게 또래의 영향력은 엄청나게 크다. 또래 집단에서 자신이 어떻게 비치고 평가받는가는 중요하다. 이질적인 것에 대한 배척이 심한 시기라 또래 문화에 동조하지 않으면 소외되고 따돌림으로까지 이어지기 쉽다.

앞 사례와는 반대로 화장을 하는 것 때문에 문제가 되는 경우가 더 많다. 아이들은 "엄마가 너무 간섭을 많이 해요." "다른 애들도 이 정도 화장은 다 하는데 나만 못 하게 해요."라고 자신들의 입장에서 이야기한다. 부모들은 "가방에 화장품이 잔뜩 있어서 뺏었습니다. 지금은 화장 안 해도 충분히 예쁠 나이 아닌가요?"라고 하소연한다. 또 제지하기에는 화장하는 아이들이 너무 많아서 어쩔 수 없이 인정하고 받아들이는 부모도 많다. '쟤가 왜 저럴까, 저게 뭐가 좋다고, 너희 땐 화장 안 해도 예뻐 보이는데, 나중에 후회할 텐데…….' 이렇게 생각하면서도 뭐라고 하면 자꾸 부딪치고 관계가 나빠지니까 화장 정도는 그냥 넘어간다는 것이다.

실제로 요즘 화장은 이른바 '노는 아이들'의 전유물이 아니다. 그렇지만 마치 쌍둥이처럼 파우더 팩트로 마무리한 완전 뽀얀 얼굴, 검은색 아이라인으로 크고 또렷해진 눈, 붉은색 틴트를 바른 입술로 다니는 아이들을 마주할 때마다 부모 입장에선 절로 복잡한 심정이 된다. 아이가 외모에 신경 쓰느라 공부에 소홀해지거나 다른 문제 행동으로 이어지는 건 아닌지 불안해진다. 그 불안을 애써 감추고 지금 이 시기에 왜 화장을 하면 안 좋은지 나름대로 과학적이고 합리적인 설명을 하는데, 아이에게 그 내용이 제대로 전달되는 것 같지는 않다. 그냥 "또 마음대로 하려는 어른의 잔소리가 시작되었구나." 정도로 여기는 것 같다. 생각해 보면 정말 우리가 아이들의 성장과 건강을 가장 중요하게 여긴다고 자신 있게 말할 수 있을까 싶다. 어쩌면 공부하는 시간을 허비하는 것이 더 신경 쓰이고, 다른 아이들과 어울려 돌아다니면서 흡연, 음주, 수위 높은 이성 교제 따위 일탈로 이어지지 않을까 하는 걱정이 더 큰 게 아닐까.

아이들도 화장이 피부에 좋지 않다는 걸 알고 있고, 어른들의 부정적이고 걱정 어린 시선도 알고 있다. 이 문제로 아이들은 실제 가정과 학교에서 많이 부딪치고 갈등을 겪는다. 그런데도 아이들이 그렇게 화장을 하려는 이유가 뭘까. 단순히 사춘기의 반항이나 문제 행동이라고만 본다면 아이들의 내면세계를 제대로 이해하지 못한 것이다. 자라고 있는, 어른이 되어 가는 시기 사신을 확인하고 주장해보고 싶은 건 아닐까. 또는 허약한 자신과 결점을 가리고, 더 강하고 매력 있는 사람으로 회복하고 싶은 마음은 아닐까. 이런 이유라면 무조건 금지한다고 될 일이 아니다.

물론 화장은 교복 바지나 치마를 변형해 입는 것과는 다른 문제다. 그냥 무조건 허용하고 받아들이기에는 성장기 아이들에게 미치는 직접적인 위해성이 있다. 그래서 더 적절하고 세심하게 접근해야 한다. 또 화장을 통해서만 자신의 개성을 표현하고 자기만족을 추구한다거나, 자신의 결점을 보완하려 드는 것은 심각한 문제가 된다. 다른 영역에서 자기표현을 신경 쓰거나 다른 가치 영역을 채울 필요도 있다. 그런데 이 시기 아이들은 자신이 하고자 하는 바를 인정해주고 존중해준다고 느낄 때에만 어른의 말에 귀를 기울인다. 무조건 강요하거나 지시할 때는 아예 상대가 더 싫어할 만한 행동을 한다. 화장 문제 또한 관계의 문제로 풀어 나가야 한다. 적절하고 도움 되는 정보도 좋은 관계에서만 통하기 때문이다.

우선, 어른이 되어 가고 있음을 축하해주자. 아이의 눈이 다른 곳을 향하는 그 순간을 잘 포착해서 같이 호응해주자. 또 '실수가 많고 잘하는 게 많지 않아도 네가 좋아. 넌 나한테 소중한 사람이야.'라는 마음이 아이에게 더 많이 전해질 수 있도록 따뜻한 미소로 아이를 바라보자.

오늘도 상담실에 오는 아이들을 만날 때 외모를 눈여겨본다. 몸의 청결 상태부터 옷매무새, 머리 스타일 등을 또래의 수준과 견주어보고, 일상생활에서 아이의 적응 수준이나 정신건강의 정도를 판단하는 주요 참고 사항으로 마음에 넣어 둔다. 자신을 가꾸는 것은 자기 사랑의 첫 번째 증거다.

공부 스트레스 없는 아이는 없다

〰〰〰

학년 초에는 학교에서 정서 행동 특성 검사를 실시한다. 몇 해 전부터 학생들의 정서·행동 발달 경향을 파악해 학생들이 겪는 어려움을 조기에 발견하고 예방하기 위해 실시하는 검사다. 문항 중에는 '자살 생각과 계획'에 관한 것이 있다. 이 물음에 '그렇다'고 대답한 아이들에게는 여러 가지 이유가 있다. 그 가운데 한 가지가 공부와 관련된 것이다. 실제로 자살 항목에 체크를 해서 상담실에 오는 학생들 가운데 대다수가 학업 스트레스 때문에 그런 생각을 하게 된다고 말한다. 스트레스의 정도가 크고 지속 기간이 길었던 아이들일수록 아무런 표정이 없는 얼굴을 하고 있다.

다른 아이들에 비해 유달리 생기가 없어 보였던 한 아이도 그런 경우였다. 어릴 때부터 부모가 성적에 대한 기대를 많이 했고, 그로 인한 부담과 스트레스가 컸다. 아이는 초등 고학년 때 이 문제로 상담을 받았던 경험을 얘기했다. "그때는 해소가 되었는데, 그러다 더 엉켜버렸고, 지금은 그 상태가 계속 이어지고 있는 거예요." 처음에는 누군가에게 자기 마음을 말할 수 있고 누군가 자기 말을 그냥 들어주는 것만으로도 위로가 되었을 것이다. 그러나 그 뒤에 아이를 둘러싼 여건이 달라지지 않으면서 체념하게 된 것 같다. 그리고 그 당시 자신이 할 수 있는 최선의 대책으로 찾아낸 것이 매사에 무감각해지는 것이었을지도 모른다.

"그냥 지금이 나아요. 아무 생각 없이 살아요. 행복하진 않지만 그냥 지금 이대로가 나아요."

"다 귀찮아요. 아무것도 하고 싶은 게 없어요. 계속 혼자 있고 싶어요. 공부 말고 하고 싶은 게 있는데 잘할 자신도 없고, 부모님은 공부가 제 적성에 맞다고 하는데 잘 모르겠어요. 노는 것도 싫고, 하루 놀게 되면 힘들 것 같아요. 공부할 게 한번 밀리면 못 따라잡으니까, 애들이랑 같이 신나게 놀아본 적이 없기도 하고……."

"공부에 대한 잔소리 들을 때, 시험 전날, 그냥 힘들 때 죽고 싶다는 생각이 들어요."

"부모님이 아는지 모르는지 모르겠어요. 부모님에게 이런 얘기는 귀찮아서 안 해요. 어릴 때도 그냥 친구 관계만 얘기했어요."

이렇게 고통스러워하는 아이의 마음을 그 부모들에게 전달했을 때, 좋은 결과를 얻어내기가 너무나 어려워서 힘이 빠질 때가 있다. 그런 부모들은 "사춘기 애들은 원래 좀 예민해서 더 힘들어하고 죽고 싶은 생각도 일시적으로 하는 것 아니냐." "아이의 상태가 그 정도로 심각한 건 아니라고 본다." "다 지나고 보면 문젯거리도 안 된다."는 말을 주로 한다. 때로는 지친 아이를 일으켜 세우기 위한 응급 처방으로 아이가 좋아할 만한 것들을 일시적으로 허락해주기도 한다. 그러다가 아이가 기운을 좀 차렸다 싶으면 다시 원래의 경기장에 집어넣는 것이다. 어떤 경우엔 아이가 겪는 어려움의 초점을 '공부'가 아닌 '친구 관계'에 맞춰 전학을 보내기도 한다. 아이가 이미 자기 부모에게는 공부 얘기 해도 소용이 없다고 포기하고 그나마 부모에게 먹힐 만한 얘기로 친구 관계를 말했을 뿐이란 걸 받아들이고 싶지 않은 것 같다. 그냥 우리 아이 수준에 맞는 친구들 속에서 공부에 전념하게끔 하면 된다고 여기는 것 같다.

　그 후에 그 아이와 얘기를 더 나누지는 못했다. 아이에게 더 좋은 인연이 닿아 마음의 힘이 커졌기를 간절히 바란다. 내가 모든 아이들을 도울 수도 없고 그럴 능력이 없음도 잘 알지만, 이렇게 놓치는 아이들에 대한 아쉬움은 한참이 지나도 잘 사라지지 않는다. 내가 뭔가 달리 했다면 아이의 부모를 설득할 수 있었을까?

초등학생 때는 예체능 활동 같은 다른 재능을 인정받고 능력을 발휘할 기회가 많다. 그러다 중학생이 되면 많은 게 달라진다. 집에서도 학교에서도 학업 영역을 빼고는 어떤 것도 중요하게 여기지 않는다. 매사에 공부가 우선순위가 된다. 아이들은 공부를 못하면 환대받지 못한다는 걸 저절로 알게 된다. 그런 만큼 공부나 성적에 대한 부담이 커질 수밖에 없다.

곧 1학기 중간고사 기간이다. 아이들의 스트레스는 벌써 많이 고조되어 있다. 평상시에도 아이들은 학업 스트레스에 짓눌려 있는 상태라 정말 별것 아닌 일에도 짜증내고 울컥한다. 우리는 이런 아이들에 대해 얘기하며 안쓰러워하고 미안해하기도 한다. 그런데 그게 내 아이의 경우라고 생각하고 싶지는 않은 것 같다. 설사 그렇게 생각하더라도, 이렇게 험난한 시절을 살아가게 된 내 아이가 가엾고 걱정되기 때문에 더 강하게 준비시켜야 한다고 생각하는 것 같다. "우리처럼 살래? 너라도 잘살아야지." 또는 "우리 정도 살려면 이 정도는 네가 따라와야지."라고 말하면서.

중요한 건 부모인 나의 욕망을 있는 그대로 들여다보는 것이다. 내 아이가 행복한 삶을 살기를 바라는 부모로서 '공부'와 '시험'을 어떤 태도로 대하는지 나 자신을 먼저 확인하는 것에서부터 출발해야 한다. "학원 그만 다니고 싶으면 바로 끊어줄게." 이렇게 말하면서도 아이의 불안한 마음을 자극해서 계속 다니겠다는 말을 끌어내는 부모들도 많다. 이런 부모들은 자신의 욕망을 세련되게 감추고 있을 뿐이다. 자신이 이 욕망에 초연하다고 진심으로 믿는 경우도 적지 않다. 아이의 학업 능력이나 공부 방법의 문제점에 대한 이해 없이 '공부하라'는 강요와 잔소리만 하는 부모 못지않게 이들도 자신의 욕망이 앞서 있다.

공부를 잘하는 아이든 못하는 아이든 시험 스트레스가 없는 아이는 없다. 모두들 공부를 잘하고 싶고, 시험도 잘 보고 싶어 한다. 아이들한테 "시험 기간에 공부도 안 하면서 무슨 스트레스를 받아?" "공부 안 해? 제발 열심히 좀 하자."라고 감정적으로 말하지 말자. 이런 말들은 아이의 반항심을 자극해 공부에서 손을 놓게 하는 역효과를 낳는다. "성적 몇 등, 몇 점 이상 받으면 ~해줄게." 또는 "성적 못 올리면 스마트폰 압수할 거야." 같은, 상이나 벌로 아이를 유인하는 것도 그리 좋은 방법이 아니다. 단기적으로 효과를 볼 수도 있겠지만, 이러한 회유나 협박에 아이가 거부감을 느껴서 더 큰 저항을 부를 수도 있다.

모든 아이들이 성적을 다 잘 받을 수는 없다. 다른 아이들과 비교해 평가할 게 아니라 아이 자신이 나름대로 최선을 다한 시기의 성적 또는 성취 수준과 소홀하게 공부했던 시기의 성적을 비교해서 얼마나 노력해야 할지 기준을 제시해주는 게 좋다. 그리고 그 노력의 과정에 부모가 어떻게 도와주면 좋을지 물어보고 아이가 원하는 도움을 주어야 한다. 공부할 때 부모가 자극이 될 수 있도록 옆에 있어주길 바란다면 그렇게 해주는 게 좋다. 만약 아이가 부모가 옆에 있는 걸 감시로 느끼고 부담스러워한다면 다른 방법을 고민해보는 게 좋다.

"무조건 '인서울' 해야 해. 안 그러면 대학 안 보낼 거야."라는 식의 지나친 기대도 문제지만, 때론 부모의 기대에 못 미친다는 이유로 아이의 능력과 상관없이 "그냥 2년제 대학 가면 되지, 더 바라지도 않아."라는 식의 말을 내뱉는 것도 좋지 않다. 아이 입장에서는 부모가 자신을 포기했다는 의미로 받아들이게 된다. 부모 자신의 실망이나 화를 아이에게 부정적인 방식으로 표현해서 상처 주지 않았으면 좋겠다.

잠시 눈을 감고 숨을 깊이 들이쉬자. 뭔가에 쫓기듯 불안하고 초조해진 마음을 가만히 내려놓자. 그리고 아이가 나를 어떤 부모로, 어떤 사람으로 보길 바라는지, 아이가 자신에 대해 어떻게 느끼고 생각하길 바라는지 마음속으로 물어보자. 부모 자신의 못남을 탓하지도 말고, 내 아이의 모자람을 탓하지도 말자. 그동안 부모라는 역할에만 치중해 나 자신의 삶을 지운 건 아닌지, 아이를 나 자신의 연장으로 여긴 것은 아닌지 살펴보자. 내 삶이 의미 있고 풍요로워지는 만큼, 아이는 자신의 힘으로 성장하고 꿈을 꾼다.

자존감을 좌우하는 한마디

〰〰〰〰

둘째 아이가 초등학교 1학년 때 학부모 총회에 참석한 적이 있다. 아이 책상 위에 자기 소개를 써놓은 게 있었는데, '엄마에게 자주 듣는 말'이라는 항목에 "엄마 피곤해, 빨리 치워라."라는 내용이 적혀 있었다. 아이와 주고받은 수많은 말 가운데 그 말이 아이 가슴에 새겨지길 원한 적은 없었는데, 마음이 아렸다.

이제 사춘기를 보내고 있는 아이는 같은 질문에 어떤 답을 할까 궁금해지기도 한다. 한 번씩 그때의 미안함이 떠오르면서 잘해야지 다짐을 하지만 일상에 치이다 보면 나도 모르게 내 피곤과 짜증을 아이에게 터뜨리기도 한다. 정말 횟수라도 줄이고 싶을 뿐이다.

학교에서 아이들을 상담하다 보면 가정에서 부모님과 주고받는 대화를 많이 듣게 된다. 아이가 어떤 말에 상처받는지, 어떤 말에 힘을 얻는지 하나하나 듣다 보면 같은 부모로서 미안하기도 하고 더 새겨듣기도 한다. 내 아이도 딱 그런 마음이겠지 싶다.

간혹 학교 아이들과 '듣기 싫은 말' 목록을 가지고 빙고 게임을 하는데, 애들이 참 재미있어 한다. 게임을 하면서 자신들이 어떤 말에 예민해지는지, 다른 아이들은 어떻게 생각하는지 확인하게 되는 것 같다. '나만 그런 건 아니구나.' 하며 위로와 지지를 얻기도 하고 '저런 것 때문에 힘들 수도 있구나.' 하며 나와 다른 사정을 알고 다른 관점도 수용하는 걸 보게 된다. 아래에 있는 말들은 빙고 게임 후속 활동에서 나왔던 것들인데 아이들이 '부모님에게 듣고 싶은 말'과 '듣기 싫은 말' 목록이다. 앞쪽에 있는 것일수록 다수의 아이들이 손꼽은 것들이다.

부모님에게 듣고 싶은 말

"오늘 많이 힘들었지?", "수고했어!", "잘했어!", "열심히 하는구나", "괜찮아", "사랑해", "푹 쉬어", "그 정도면 충분해~", "미안해", "세상에서 우리 딸이 제일 예뻐~!", "맛있는 거 먹자", "용돈 줄게", "놀아", "네 마음대로 해", "칭찬" 등.

부모님에게 듣기 싫은 말

"공부해, 공부는 언제 하니?", "○○는 잘하는데, 너는 왜 그러니?", "안 돼, 하지 마, 그만해", "넌 안 돼, 넌 못 해", "이것밖에 못 하니?", "살찐 것 좀 봐라~", "방 좀 치워", "그럴 거면 왜 태어났니?", "커서 뭐가 될래?", "지금 어디야?", "욕" 등.

아이들은 주로 부모의 말로 자신의 정체성을 확인하게 된다. 자신이 소중한 사람인지, 괜찮은 사람인지, 사랑받을 만한 사람인지를 확인하는 데 부모가 무심코 내뱉는 말만큼 큰 영향을 미치는 것도 없다. 어렵고 힘든 일을 하고 있을 때 부모가 "너만 힘든 거 아니야. 다른 애들도 다 하는 건데, 더 사정이 안 좋은 애들도 있어."라고 말해버리면 아이는 왠지 억울하고 힘이 빠지게 된다. 아이들은 객관적인 평가나 사실을 듣고 싶은 게 아니다. '애썼다, 고생했다'는 인정과 지지의 말을 듣고 다시 한 번 힘을 내고 싶은 것이다. 실수하거나 잘못했을 때 "괜찮아, 다시 해도 돼."라는 위로와 격려를 받고 싶어 한다. 잘하지 못하더라도 시도하고 노력한 점을 인정받는 과정에서 자신이 있는 그대로 받아들여짐을 느낀다. 이렇게 자신의 강점과 장점을 확인하고, 자신의 약점과 단점 또한 그것대로 인정할 수 있을 때 자기 자신을 온전하게 수용할 수 있게 된다. 자존감이 높고 마음이 건강한 사람이 되는 것이다.

그런데 사춘기 아이들과 잘 통한다는 건 쉬운 일이 아니다. 같은 상황이라도 아이와 어른은 서로 다르게 생각하고 받아들이는 경우가 많다. 부모는 사랑을 준다고 줘도 아이는 사랑으로 느끼지 못할 수 있다. 부모는 충분히 줬다고 생각해도 아이는 늘 부족하다고 느낄 수 있다. 가장 좋은 방법은 아이가 원할 때 원하는 방식으로 응해주는 것이다. 잘 모르겠다면 아이에게 물어보면 된다. 잘 물어볼 수 있으려면 평소에 부모로서 내 말을 아이에게 주입하기보다 아이가 하지 않은 말에 귀 기울이는 자세, 즉 세심한 관찰과 관심이 먼저다. 그렇게 관찰한 것을 단서로 삼아 부모의 생각이나 느낌을 아이에게 표현하고 그에 대해 아이가 어떻게 생각하는지 확인해보면 된다.

오늘 나는 아이에게 어떤 말을 하고 있나? 아이에게 너를 사랑하고 있음을, 너의 이야기를 듣고 싶음을, 네가 도움을 필요로 하면 언제든 힘을 보태줄 것임을, 가까이에서 함께하고 있음을 전해주고 있는지 점검해봤으면 좋겠다.

브랜드 전쟁

\\\\\\\\

둘째 아이가 중학교에 입학할 무렵, 또래 엄마들에게서 자녀가 원하는 유명 브랜드의 운동화, 가방을 사줬다는 얘기를 전해 들었다. 예전 일도 생각나고 해서 신경이 쓰였다. 큰애가 초등 3학년이 되고 얼마 안 지났을 때다. 짝꿍이 자기 쪽으로 넘어오지 말라며 책상 가운데에 표시를 했다는 것이다. 처음엔 왜 색연필이랑 사인펜 쓰다 만 걸 가지고 왔느냐, 그다음엔 넌 왜 아직도 유치하게 1학년 때 가방을 가지고 다니느냐고 구박을 했다고 한다. 우리 애가 그런 업신여김을 받았다는 게 참 화가 났다. 한편으론 1, 2학년 때 쓰다 남은 걸 모아서 12색을 챙겨준 내가 너무 무신경했나 싶었다. 그 여파로 둘째한테는 학년이 바뀔 때마다 새로운 학용품 세트를 사줬고, 가방과 옷 따위에 조금 더 신경을 썼다.

중학교 생활의 상징인 교복만 해도 몇 해 전까지는 어떤 브랜

드를 입느냐가 애들한테는 민감한 문제였다. 교복은 이제 학교 주관 구매로 정착되고 있지만, 다른 영역에서는 또래의 유행 흐름을 거스르지 않으면서도 남달리 돋보이는 특별함을 찾는 기류가 여전하다. 청소년기 발달 과업인 자아 정체성 확립이라는 맥락에서 보면 당연하고 자연스러운 현상이긴 하다.

사실 많은 부모들이 자녀가 외적인 부분보다 내면의 가치를 더 소중히 여기기를 바란다. 그런데 이 바람을 소신 있게 실천하기는 어렵다. 모든 것이 풍요로운 이 시절에 아이를 위한다는 명분으로 결핍을 맛보게 하는 게 쉽지가 않다. 아이가 먼저 요구하는 경우도 그렇지만, 괜히 아이를 기죽이게 될까 봐, 다른 아이들한테 무시당하고 따돌림을 당하게 될까 봐 걱정이 앞선다.

만약 가정 형편에 무리한 물건을 아이가 원한다면 상황을 솔직하게 말해야 한다. "이러저러해서 사정이 안 된다. 지금 할 수 있는 건 이 정도다. 힘들더라도 함께 조금 더 참고 노력하면 나아질 수 있다."고 말해줄 수 있어야 한다. 부모만 고생하면 되지 왜 애까지 기죽이냐는 식의 생각은 별 보탬이 안 된다. 무리해서 원하는 걸 다 해줘도 아이는 부모의 배려나 고통을 알 수 없다. 자기 욕구만 중요하게 여겨 막무가내로 요구하거나 능력 없는 부모를 원망하기 쉽다.

형편이 되더라도 원하는 대로 해주다가는 아이의 절제력이 길러지지 않을까 봐, 가치에 대한 변별력과 흥미를 유지하는 힘이 약해질까 봐 걱정이 된다. 이 물건이 없으면 정말 곤란해지는지를 물어서 꼭 필요한 것인지, 그냥 단순히 갖고 싶은 것인지 생각하도록 해야 한다. '정말로 갖고 싶은가'를 확인해볼 수도 있다. 물론 매번 생산적이고 가치 있는 소비만 할 수는 없다. 우리에겐 생활에서 유희와 활기도 필요하다. 늘 의미를 찾으며 빡빡하게 살 순 없지 않은가.

이런 과정을 통해서 아이는 외적 가치만이 아니라 내적 가치에도 민감해질 것이다. 원하는 것을 갖게 되었을 때 순수하게 기뻐하고 소중히 여기며 잘 사용할 수 있다. 원하는 것을 갖지 못하게 되었을 때도 아쉬운 마음을 그대로 선선히 받아들일 수 있다. 때로는 스스로 대체물을 찾고 만족할 수도 있다. 또 뭔가를 얻는 데 준비하고 기다리는 과정이 필요하다는 것, 뭔가를 포기하거나 잃어버릴 수도 있다는 것을 알게 될 것이다.

'사랑의 매'와 폭력 사이

WWWWW

우리 집 아이들은 내성적인 면이 강하다. 타고난 기질이 그렇다고 생각하면서도 한 번씩 걱정과 자책을 하게 된다. 그럴 때마다 '내가 너무 엄격하게 키워서 그런가?', '아이들을 무섭게 대했나?', '나 때문에 기가 눌려서 덜 활발한가?' 하는 생각이 든다.

돌이켜보면 내가 아이들을 대하고 키우는 방식은 나의 어머니가 나를 키운 방식과 유사한 점이 많다. 자라는 동안 내내 사랑받는 걸 당연하다고 생각할 만큼 친밀한 모녀 사이였지만, 한편으로는 무서운 어머니이기도 했다. 뭔가 잘못했을 때는 매를 들기도 하셨다. 그럴 때는 어머니 그리고 그 순간이 참 무서웠다. 잘못하거나 실수할 때마다 마음이 무너진 일이나, 혼나던 그 순간 '잠시 후면 다 지나가 있을 거야.'라며 마음속으로 스스로 진정시키고 달래던 게 생각난다. 그래서인지 모르지만 나는 아이들을 때리거나 너무 무섭게 키우고 싶진 않았다. 그런데 그게 생각처럼 잘 되진 않았다. 때리지 않는 것까진 할 수 있었는데, 화를 버럭 내고 짜증을 참지 못한 적은 많다.

상담을 하면서 폭력적인 가정 환경이나 부모에게 상처를 입은 아이들을 많이 만났다. 부모의 싸움 틈바구니에서 정신이 쪼개 질 만큼 불안과 공포를 경험하며 자기 안으로 움츠러들기도 하고, 집 밖에서 방황하며 그런 긴장과 두려움을 해소하는 아이들도 있었다. 직접 학대를 당하는 경우도 마찬가지였다. 두려움에 떨면서 "집에 못 들어갈 것 같아요."라고 말하면서도, "제가 잘 못해서 그래요."라고 말하는 아이도 있었다. 이 아이는 평소에는 늘 웃고 다니고 목소리도 커서 내면의 불안이 잘 드러나지 않았는데, 손톱이 남아나지 않을 정도로 물어뜯는 버릇이 있었다. "어릴 때부터 하도 이골이 나서 전 그냥 참고 살아요." 이렇게 말하며 달관한 태도를 보였다. 또 한 아이는 아버지에게 맞는 엄마를 보면서 아버지의 폭력을 막아보기도 하고 같이 도망쳐 나오실 수차례 반복하나 중2 어느 때부터 혼자서 가출하기 시작했다. 아이의 가출 때문에 만난 어머니는 전형적인 가정폭력 피해자의 모습이었다. 잠시 남편의 눈을 피해 나온 상황이라 불안해했고, 아이를 걱정하며 자책하면서도 체념으로 가득했다. 그리고 아이가 사춘기에 들어서면서 거칠게 변한 모습에 두려움까지 느끼고 있었다. 때론 아이가 엄마에게 욕을 하고 폭력을 휘두른다는 이야기도 했다.

실제로 사춘기에 들어서면서 그동안 불쌍하게 여겼던 엄마에게 화가 나서 자기도 모르게 욕을 하거나 때리는 아이들을 종종 본다. 폭력을 가하는 아버지를 자신도 모르게 닮아 가며 마음속에 쌓인 상처와 좌절을 자신보다 더 약자인 엄마에게 손쉽게 표출하는 것일 수도 있고, 자신을 그런 악몽 속에서 충분히 보호해 주지 못한 엄마에 대한 미움과 분노가 그렇게 새어나오는 것일 수도 있다. 분명한 것은 위험과 분노의 격랑 속에서 보호받지 못한 아이가 있다는 것이다. 아이는 그나마 정서적 유대가 있는 엄마에게 폭언과 폭행을 가한 것에 지독한 자괴감을 느낄 가능성이 크다. 이런 경우, 아이는 자기 내면으로 들어가 스스로 병들게 하거나 집 밖을 돌아다니며 위안을 찾는다. 두 상황 모두 매우 위험하다.

자녀 양육과 관련하여 수많은 원칙들이 있지만, 기본은 변하지 않는다. 아이는 안전하게 보호받고 사랑받아야 한다는 것이다. 양육 과정에서 부모들은 아이의 잘못된 행동에 대해 적절한 정도라면 '사랑의 매'로 즉각적인 교훈을 주는 것이 괜찮지 않을까 고민한다. 그러나 매가 답인 경우는 없다. 금방 효과가 나타나는 것처럼 보일 수 있지만, 아이의 마음을 수치심과 분노로 상하게 하고, 관계를 단절시켜 어떠한 훈육도 먹혀들지 않게 된다.

아이가 폭력을 사용해서 남에게 고통을 줘도 된다고 여길 수도 있다. '사랑의 매'는 설사 사랑이 담겨 있다 하더라도 그 사랑을 전달해주지 못한다. 체벌을 통한 고통은 몸에 저장되고 마음에 새겨져 '나는 맞아도 되는 사람', '맞아야 정신 차리는 사람'이라는 자기 이미지를 만든다. 끔찍한 일이다.

아이의 잘못된 행동을 고치고 싶다면, 먼저 아이가 잘한 행동을 인정해주는 게 필요하다. 잘못한 행동에 더 많이 반응하다 보면 결국 그 행동을 강화하게 된다. 벌이 필요한 순간도 분명 있다. 그럴 때도 아이 자신이 부모에게 소중한 존재임을 느낄 수 있어야 한다. 부모가 화가 난 채로 벌을 주어서는 안 된다.

스스로 상처 내는 이유

\\\\\\\

얼마 전 '스승의 날'이라고 학교에 찾아온 졸업생이 있었다. "쌤~ 저 장학금 탔어요. 학교 장학금은 아니지만요."라며 밝은 목소리로 소식을 전하는데 정말 기쁘고 반가웠다. "너 중학교 때 학교 그만뒀으면 엄청 아까울 뻔했다."라고 말하니 저도 쑥스러워하며 웃었다.

중2 초기부터 학교 다니기 싫다며 지각·조퇴·결석을 반복했고, 학교에 와서도 교실에 들어가지 않겠다고 복도에서 버티기 시작하면 아무도 말리지 못할 지경이었다. 교실에 들어가지 않겠다는 아이를 담임 선생님이 겨우 달래서 상담실에 데리고 왔을 때 아이는 "친한 애도 없고, 수업 들어봤자 아는 것도 아니고, 학교 다니기 싫다."고 했다. 새 학년이 시작된 후 아이들과 관계를 맺고 적응하기 어려워지면서 오래전부터 내재해 있던 아이의 취약점들이 확연하게 드러난 경우였다. 아이는 부모의 불화 속에서 상처 입은 여린 속마음을 감추고 툴툴거리며 함부로 말하거나 대들었다. 퉁퉁한 외모는 아이의 예민함을 가리고 아이를 고집스럽고 느린 사람으로 비치게 해 친구 관계에도 부정적인 영향을 끼쳤다. 학교 생활이 의미 없다고 여러 가지 이유를 댔지만 결국 아이는 자기 반에서 자신을 받아들이는 편안한 친구가 없다는 점을 힘들어했다.

더 상처받고 싶지 않았던 아이는 누구에게도 쉽게 마음을 열지 않았다. 그리고 이미 몇 차례 병원 상담도 경험했던 터라 상담에 대한 기대가 그리 크지 않았다. '세 보이는' 피어싱을 빼 보이면서 "피어싱 가지고도 뭐라 해요. 비꼬아요."라고 말하는 아이에게 그 엄청난 피어싱이 아프진 않은지, 어떻게 끼우는지 관심 있게 물어봤다. 그날의 상담 뒤 일주일 만에 아이가 먼저 상담실을 찾아왔다. "솔직히 여기에 와도 되나 생각 많이 했어요. 다른 상담 쌤이랑 비슷하게 말할 것 같기도 해서 그러다 왔는데 쌤은 다르게 말하는 것 같아요." "제가 잘못한 건 알고 말하는 건데, 그냥 위로해 달라는 차원이었는데, 그걸 알 만한 사람이 지적을 하니까 짜증이 나더라고요."라고 말했다. 적어도 그 당시에 자신을 이해할 만한 가능성이 있는 사람으로 내가 테스트에 통과한 거였다. 그러면서도 아이는 자신의 외모 때문에 불만이 있다거나 자존심 상하는 일이 있다고 드러내놓고 표현하지는 않았다. 거의

1년이 지나고서야 자신이 얼마나 살을 빼고 싶은지, 살을 빼려고 운동이며 식욕 억제제며 여러 가지를 시도해봤고 매번 중간에 포기했다고 털어놨다.

외모가 이 아이의 가장 중요한 고민거리는 아니었지만, 사랑받고 수용받지 못함을 자각하게 하는 대표 증상이긴 했다. 부모가 자신들의 문제 때문에 아이가 부모를 필요로 할 때 곁에서 적절하게 돌봐주지 못한 것이다. 이렇게 해서 생긴 불안과 사랑받지 못하고 이해받지 못한 스트레스가 아이들의 몸에 직접적으로 표현되는 것을 많이 봐 왔다. 자해에서부터 비만, 공격적인 외모 꾸미기, 약물 중독 등 다양한 양상으로 나타난다.

아이의 마음을 돌본다는 것은 마음 자체만을 이야기하는 것이 아니다. 정서적으로 안정된 아이들은 자기 몸도 관심 있게 살피고 잘 돌본다. 먼저 부모가 아이의 몸을 돌볼 줄 알아야 한다. 그중에 한 가지는 절대 아이에게 욕하지 않기다. 비난과 욕은 아이의 몸을 흉하게 살찌우고 자해의 자국을 남긴다. 건강한 음식을 제때 잘 챙겨 먹을 수 있도록 해주고, 아이가 아플 때 충분히 보살피는 것도 중요하다. 너무나 당연한 것 같지만 소홀하기 쉽다. 그리고 적절한 스킨십도 필요하다. 포근한 품에서 사랑과 위로를 받는 경험을 한다면 그만큼 자신의 몸과 마음을 인정하고 사랑할 수 있게 될 것이다.

방황하는 아이와 함께하다 보면 모든 개입이 적절하고 훌륭할 수 없음을 알게 된다. 중간중간 잘못이나 실수를 할 수도 있다. 그래도 괜찮다. 중요한 것은 지속적인 관심과 끈기로 아이를 포기하지 않는 것이다. 한 사람이 이 일을 다 해낼 수는 없기 때문에 여럿이 함께 관여하고 마음을 써줘야 한다. 그렇게 하면서 어느 때에 아이가 돌아올 곳이 되어주면 좋겠다.

무리 짓기와 따돌림

〰〰〰

둘째 아이가 '친구들에게 인기 있는 아이'라는 주제의 책을 읽고 싶어 해서 사준 적이 있다. 초등 3학년 때 친구와의 관계를 막고민하기 시작하던 무렵이었다. 그 책 덕분인지는 모르겠지만 아이는 조금씩 더 무난하게 친구 관계를 맺고 있다. 물론 친구 관계에서 생기는 고민이 줄어든 것은 아니다. 올해도 3월 첫 한두 주는 학급 친구를 사귀는 과정에서 생긴 예민함과 불편함을 집에 와서 사정없이 쏟아냈다. 엄마 입장에서는 아이가 사춘기에 접어든 만큼 친구 관계에서 비롯된 소소하면서도 격한 감정적 호소를 더 자주 듣는 것 같다는 생각이 든다.

새 학년이 되고 한 달 정도 지나고 나면 교실 안 아이들 관계에도 많은 변화가 생긴다. 서로 서먹해서 조심스러워하던 태도가 사라지고 격의 없이 웃고 떠드는 소리가 커진다. 그런데 그 안을 들여다보면 아이들의 전전긍긍이 느껴져서 마음이 짠해지기도 한다. 자신이 속할 무리를 잘 찾아 안정감을 얻는 아이들도 있지만, 어느 무리에도 들지 못해서 또는 어정쩡하게 무리에 걸치고 있어서 불안해하는 아이들도 많다. 때론 무리를 주도하는 아이와 갈등이 생기면서 무리에서 소외되어버리는 경우도 있다.

3월 한 달 동안 학급에서 좀 센 아이들 무리와 어울려 지내면서 버거움을 호소하는 아이가 있었다. 걔네들이 자기한테 하는 행동이 장난인 건 아는데 스트레스를 받는다는 것이었다. 자신과는 성격이 잘 안 맞고 걔네가 자기를 잘 모르는 것 같고 만만하게 여기는 것 같다면서도 그 무리에서 나올 생각은 없었다. "걔네랑 노는 게 더 재미있고 좋아요. 그리고 다른 애들이 절 만만하게 대하면 저를 위해서 뭐라 해주는 것도 좋고요. 예전에는 늘 애들한테 만만하게 보였는데, 걔네랑 다니니까 다른 애들도 저를 보는 눈이 달라진 것 같기도 해요. 다가오기도 하는 것 같고."

한번 형성된 무리가 계속 유지되는 건 아니다. 보통 1학기 중 후반부터 2학기 초까지 변화를 거치며 재편성되기도 한다. 이 시기를 놓치면 그해 친구 무리는 이변이 없는 한 그대로 이어진다. 기존의 무리를 떠나 새로운 무리에 들어가기는 쉽지 않다. 새 친구 때문에 자신이 도리어 무리에서 소외되면 어쩌나 하는 불안이 생겨 새로운 친구를 받아들일 마음의 여유가 없다. '우리끼리'

라는 응집력이 강해지는 만큼 무리 바깥의 아이들에 대해서는 더 비우호적인 태도를 보인다. 그러면서 집단 따돌림이나 괴롭힘에 쉽게 동참하게 되는 것이다. 내부의 결속을 위해 외부의 타깃이 필요한 것 같다.

즐거운 학교 생활을 만드는 요건 가운데 하나인 친구 관계는 아이들에게 굉장히 중요하다. 마음 맞는 친구들이 없는 학교 생활은 아이의 기를 꺾고 더할 수 없는 괴로움을 안겨준다. 그래서 아이들은 자신이 친구들에게 인기가 있길 바라고, 적어도 인기 있는 친구를 사귀고 싶어 한다. 인기가 많은 아이들에는 앞 사례처럼 '센 아이들'도 포함되어 있다. 자기주장이 강하고 활발하기도 하고 분위기를 재미있게 만들기도 하는 아이들이다. 아무래도 학급에서 전체 아이들에게 미치는 영향력이 클 수밖에 없다. 그런 아이를 상대로 하여 다른 행동을 하거나 의견을 낸다는 건 쉽게 할 수 있는 일이 아니다. 무리에서 주도권을 쥔 아이와 갈등을 빚게 되면 다른 아이들의 도움을 받기도 어렵다. 이 과정에서 외면하는 절친에게 더 큰 상처를 받았다는 아이들이 꽤 있다.

아이들은 '활발하고 재미있는' 인기 많은 아이를 선망하고 그렇게 되고 싶어 하지만, 실제로 자기가 좋아하는 친구 유형을 얘기하다 보면 좀 다른 선택을 하는 경우를 많이 본다. '착하고, 나를 이해해주고, 내 말을 잘 들어주는 친구'가 압도적으로 많다.

아이들의 갈등이 눈에 보인다. 조용하고 수줍어하는 아이들에게는 별 매력을 느끼지 못하면서도 자기만의 진정한 친구를 원하는 마음 또한 크다. 자신이 다른 아이들에게 공격받을 때 친구가 내 편에 서서 방어해주거나 지지해주길 간절히 바란다.

내 아이가 자신에게 만족하지 못하고 인기가 있어 보이는 아이들에게만 눈이 향해 있다면 어떻게 도와줘야 할까? 언젠가 상담을 하고 간 아이가 한 말이 있다. 자신이 예전에 아이들한테 따돌림을 당해서 자존감이 형편없었는데, 어느 날 같이 살던 친척 언니가 "○○이 참 예쁘게 생겼구나."라고 말해줬을 때 왈칵 눈물이 쏟아졌다고 했다. 나한테 이런 말을 해주는 사람이 있구나 싶어서 힘이 되었다고 한다. 가장 가까이에 있는 부모부터 아이를 예뻐하고 사랑하고 있음을 전하자. 이렇게 마음이 든든하게 채워져야 자기 자신을 보호할 수 있고 다른 친구들을 도울 수도 있다.

나는 사람을 괴롭히는 행동 이면에는 자신이 거부되거나 소외되는 것에 대한 불안이 있다. 센 것처럼 보이지만 약하다는 증거이다. 정말로 편안하고 자신 있는 아이들은 상대를 공격할 필요를 못 느낀다. 그러니 다른 뭔가를 아이에게 채워 넣으려 할 게 아니라, 아이가 현재 느끼는 감정을 확인하고 받아주면 된다. 내가 느끼는 이 감정들이 다 옳다고 느끼면 있는 그대로의 자기 자신을 사랑하게 된다. 자연스럽게 받아들이고 표현하게 된다. 예를 들어, 친구가 말없이 먼저 가버릴 때 서운한 감정이 들 수 있지만, 다음번에 친구에게 "같이 가자, 그날 서운했어, 먼저 갈 일이 있었던 거야?"라고 물어볼 수 있게 된다. 또 때로는 자신이 싫어하는 별명을 자꾸 언급하는 친구에게 화도 나고 마음이 상할 수 있는데, "나는 그 말 들을 때마다 기분이 상해. 네가 장난으로라도 그런 말 안 하면 좋겠어."라며 내 감정을 알려주고 내 요구 사항을 말할 수 있게 된다. 물론 친구가 내 감정과 부탁을 무시할 수 있다. 만약 그렇다 하더라도 성과는 있다. 나를 존중해주는 사람과 그렇지 않은 사람을 구분할 수 있는 눈을 갖게 될 테니까.

무서운 아버지를 향한 두 마음

아이들은 부모가 자신을 사랑한다는 것을 어떻게 알까? 내가 어렸을 때는 부모님과 '사랑한다'는 말을 주고받은 적이 없다. 부모와 자식 사이에 말로 주고받는 표현이라고 생각조차 못했던 것 같다. 커서도 서로 직접 주고받는 일은 없었지만, 부모님과 나 사이에 언제나 사랑이 있다는 건 알고 있다.

예전에 상담을 했던 한 아이는 "아버지가 너무 무서워서 '힘들다'는 얘기를 해본 적이 없었다."고 했다. 아버지가 엄격하게 단속하는 대로 무조건 따를 수밖에 없었고, 빈내 의견이나 시시 내내를 꺼내지도 못했다. 그 아이는 일상생활에서는 떠들썩하고 활기차 보였다. 주변 친구들한테는 아무 걱정 없는 아이, 선생님들에게는 공손하지 못하고 목소리 큰 아이로 여겨졌다. 정작 자신의 힘든 감정은 아무한테도 말하지 못했는데 말이다. 원래도 강인한 면과 밝은 면이 있는 아이였지만, 꽤 오랜 시간을 혼자서 참고 버티다가 '힘들고 답답하다'며 상담실을 찾아왔다. 그런데 어떤 게 힘든지 물어보면 "몰라요." "그런 거 없는데……"라는 식으로 말했다. 아이는 자기 마음을, 특히 감정을 표현하는데 많이 어색해했다. 엄하고 말수가 적은 아버지 밑에서 일찍 철이 든 아이는 자기 속내를 표현하지 못하는 사람으로 자라고 있었다.

"비정상적인 사람들이 하는 걸 왜 하냐?" "네가 무슨 힘든 일 있다고" "상담 절대 가지 마라." 이렇게 말할 정도로 마음을 강하게 먹고 살아가길 바라는 아버지에게 차마 맞서지 못하면서도 아이는 꾸준히 상담을 받았다. "아빠의 마음이나 생각이 어떤지 알고 싶어요. 내 마음을 너무 몰라줘요."라며 아버지와 얘기를 나누고 싶어 했다.

상담을 하면서 아이는 아버지와 자신이 '마음을 뜻대로 표현하지 못한다'는 점에서 서로 닮았음을 알았다. 그리고 자신을 생각하는 아버지 마음을 어느 정도 알겠다는 얘기도 했다. 엄마 없이 홀로 키우는 자식이라 더 엄격하게 대하고, 걱정하는 마음을 화내는 걸로 표현하시곤 했다는 걸 말이다. 여전히 아버지는 화부터 낼 때가 많고 어떤 일이건 반대하고 통제하는 경우가 많았지만 아이의 마음은 훨씬 더 여유로워졌던 것 같다.

자신의 부모나 가정에 대해 긍정적인 것만 표현하는 아이들이 있다. 설사 부정적인 얘기를 꺼냈더라도 곧 다시 "그런데 꼭 그런 것만은 아니에요."라며 좋은 점들을 열거하곤 한다. 자신의 말 때문에 자신의 부모나 가정을 이상하게 볼까 걱정하는 마음도 충분히 이해된다. 그렇지만 이런 경우 상담 진행이 더디고 어렵다. 그럴 때 "부모님이 사랑을 주었다 해도 네 마음에는 충분하지 않을 수 있다. 그 사랑이 네가 원하는 방식과 다르면 그럴 때 불만도 생기고 서운함도 느낄 수 있다. 자연스러운 거다."라는 말을 해주면서 아이들을 안심시키기도 한다. 대개 부정적인 감정을 충분히 쏟아내고 나면 긍정적인 감정은 저절로 올라온다. 그러니 부모님도 자녀가 부모에 대해 부정적인 감정을 느끼고 있다는 걸 알게 되더라도 배신감을 느끼거나 서운해하지 않으면 좋겠다. 밝고 어두운 부분, 좋고 싫은 면 양쪽을 다 볼 수 있을 때 균형감 있게 자랄 수 있다.

　학교 아이들한테 부모님께 언제 사랑받고 있다고 느끼는지 물어본 적이 있다. "칭찬받을 때" "내 이야기를 잘 들어줄 때" "내가 힘든 일로 고민하는 걸 걱정해줄 때" "잘못을 했는데도 크게 혼내지 않고 위로해줄 때" "학원 갔다 왔는데 '고생했지?'라고 토닥여줄 때" "생일을 챙겨줄 때" "그냥 안아줄 때" "날 보고 웃을 때" "'사랑한다'고 말해줄 때" "맛있는 밥을 해줄 때" "내가 원하는 걸 해줄 때" 같은 대답을 들을 수 있었다.

일상에서 접할 수 있는 부모의 말과 행동, 태도 속에서 아이들은 자신이 사랑받고 있다는 걸 느낀다. 어느 날 자신감이 점점 바닥날 때, 자신이 괜찮은 사람인지 의심이 들 때 평소 부모에게 받은 따뜻한 말과 행동이 엄청난 힘을 발휘할 수 있을 것이다.

여름
—

아직은
보살핌이
필요한 나이

아이들은 경계를 알고 싶어 한다

우리 집 아이들에게도 상담실에 오는 학생들에게도 한번씩 하는 얘기가 있다. "어린아이가 달콤한 사탕을 아주 좋아해서 매번 사탕을 먹겠다고 하면 줘야 할까? 또 사탕을 먹고서 귀찮다고 이를 안 닦겠다고 하면 그냥 둬야 할까? 자기 자유니까 그냥 놔 두면 될까?"라고 묻는다. 자신들이 원하는 걸 안 들어준다고, 반대한다고 불만을 토로할 때, 아이들 마음은 이해가 되나 행동은 찬성할 수 없는 경우에 하는 말이다. 물론 원하는 마음은 충분히 들어주고 난 뒤에 하는 얘기여서 대부분의 경우 아이들은 그 뜻을 이해하고 또 수긍한다.

나는 친구 같은 엄마는 아니다. 부모 자식 간은 친구 사이와 다르다고 생각하기도 하고, 부모가 책임을 더 많이 지는 역할이라 생각하기 때문에 동등하게 뭔가를 해야 한다고 여겨본 적이 없다. 그래서 한계도 많이 정해주고 규칙도 많이 말하고 그러는 편이다. 그렇다고 억지로 뭔가를 배우게 하고 이끌어 가는 편은 아니지만, 생활의 규칙이나 중요하게 생각하는 가치에 관련해서는 엄격하게 알려주는 편이다. 그러다 보니 아이들이 때때로 내 눈치를 살피기도 하고 위축된 모습으로 반응을 하는 경우도 있다. 그럴 때마다 내가 애들 기를 너무 꺾는 건 아닌가 싶어 고민하기도 한다.

　물론, 친구 같은 선생님도 아니다. 학생들에겐 아마 자신들의 마음을 조금 더 잘 알아주는 어른 정도일 것 같다. 상담할 때 아이들이 부모님이 귀가 시간을 제약하고, 밤늦게 못 놀게 한다는 불만을 얘기하는 경우가 많다. 그런 경우에는 아이들의 답답하고 속상한 심정은 알아주고 들어주면서도 나도 우리 집 아이들에게 그렇게 한다고, 밤늦게까지 밖에서 놀게 하지 않는다고, 특정 예외 사항을 제외하고는 반대하고 있다고 말해준다. 내가 부모이고 어른이기 때문에 우리 애들이 좀 더 커서 스스로 선택하고 책임질 수 있을 때까지는 보호하고 신경 쓸 수밖에 없다는 것, 그 과정에서 아이들 자신이 선택하고 결정하고 책임지는 경험을 할 수 있도록 지켜봐주기도 한다는 것, 또 가정이나 사회에서 허용되는 경계를 크게 벗어나 위험해질 때는 적극적으로 개입한다는 것, 위험에 빠져 혼자 힘들게 하지 않을 거라는 것도 말해준다.

아이들은 개방적이고 친근한 어른을 원하지만, 자기들에게 관심이 없어서 그냥 놔두는 어른을 원하지는 않는다. 아이들이 제멋대로 행동하고 싶어 하는 것 같지만 가만히 들여다보면 의외로 행동의 경계를 알고 싶어 하는 경우가 많다. 어디까지가 허용되고 어디까지가 허용되지 않는 것인지, 어떤 게 일반적인 것인지, 어떤 게 이상한 것인지 등등. 경계를 세워주지 않으면 도리어 불안해한다. 상담을 하다 보면 진로 문제든 어떤 문제에서든 자기가 지금 잘하고 있는지, 이렇게 하는 게 맞는지 불안해하고 걱정하는 경우를 종종 보게 된다. 뭐를 해도 자신이 없고 잘못하는 것 같다는 생각을 한다. 그리고 앞으로 자기가 잘할 수 있을지 걱정한다. 자기 앞에 펼쳐진 미래가 그저 불안하고 모호하기만 한 것이다. 그런 아이들에게는 필요할 때 기준과 경계를 세워주는 부모와 어른의 역할이 충분하지 않았기 때문에 어떻게 해야 할지 모를 때에도 도움을 요청하지 못하는 경우가 많았다. 혼자서 어떻게든 참고 처리하려다 보니 일이 더 커지기도 하고, 상처가 안으로 곪아 들어가 회복하는 데 아주 많은 시간이 걸리기도 한다. 필요 이상으로 고생을 하게 된다.

때로는 자율성을 키워준다는 좋은 의도로 어린아이에게 "네가 마음에 드는 걸 선택해봐, 네가 하고 싶은 거 찾아서 해."라고 하는 경우가 있는데, 이것은 아이를 혼란에 빠뜨리는 행동이다. 3세 이후 유아기 아이들은 자기가 직접 하고 싶어 하는 일이 늘어나는데, 자율성을 키워주려면 선택할 수 있는 기회를 주어야 한다. 그러는 한편으로 부모가 적절한 기준을 세워줘야 한다. 부모 자신의 가치관으로, 세상을 보는 눈으로 아이가 세상을 볼 수 있게 해주고 세상이 어떤 곳인지 하나씩 가르쳐야 한다. 어떤 행동이 옳고 그른지에 대한 감각을 심어줘야 한다. 처음부터 지나치게 선택의 폭이 넓을 경우 도리어 무기력해지고 자신감을 잃게 된다. 자신이 어떤 것을 좋아하는지, 좋아하지 않는지도 모를 때 선택을 한다는 것은 어려운 일이다. 자신이 선호하는 것을 알려면 경험을 해야 한다. 겪어보아야 한다.

선택을 통해 자율성을 기르는 것은 다음과 같이 단계를 밟을 수 있다. 먼저, 뭘 선택해도 문제가 없는 것 두 가지를 제시하여 하나를 선택하게 한다. "빨간색 차와 파란색 차 중에 어느 쪽을 가질래?" 그러다 조금씩 나이가 들수록 "책 몇 권 읽어줄까? 이 놀이 몇 번 할까?"라는 식으로 선택할 수 있는 상황을 많이 만들어주고, 그 다음 단계에서는 "무슨 책을 읽어줄까? 무슨 놀이를 할까?" 같은 열린 선택지로 아이가 선호하고 원하는 것을 스스로 선택하게 한다.

어른이 해야 할 일 중에 중요한 한 가지는 바로 아이들에게 경계, 울타리를 세워주는 것이다. 아이가 자신의 선택에 책임질 수 있는 어른이 될 때까지 자신이 어떤 사람인지 생각하고 알게 해주고 세상을 보는 눈을 열어주는 역할을 해야 한다. 아이가 처음 겪는 다양한 경험에 대해서 부모가 길잡이가 되어줄 필요가 있다. 어떻게 해야 할지 모를 때, 어렵거나 힘들 때, 부모에게 와서 도움을 청할 수 있게끔 해줘야 한다. 모든 일을 부모가 직접 대신해주진 않더라도 아이가 처한 상황과 그에 따른 마음 상태를 살펴주고 알아줄 때 아이들은 그런 경험들에서 안정감을 얻는다. 그 안정감을 바탕으로 삼아 더 큰 세계에 도전하고 참여할 수 있게 되는 것이다. 그리고 부모는 아이의 이런저런 시도를 지켜봐주고 그 자리에서 버텨줘야 한다. 얼마나 든든하게 이 역할을 해주느냐에 따라 아이가 건강하고 생기 넘치는 사람으로 성장할 수 있는지 결정되는 게 아닐까 싶다. 그러려면 어쨌건 아이들이 필요할 때 안심하고 기댈 수 있도록 부모가 또는 주변 어른이 나약하지 않음을, 충분히 힘이 있음을 보여주어야 한다.

결국 부모 노릇도, 상담자 노릇도, 교사 노릇도 가지 제각기 식대로 하게 되는 것 같다. 그만큼 책임과 부담이 크긴 하다. 내가 제대로 서 있는지, 내 판단이 과연 보편적인지……. 모든 부모가 저마다 자신의 성격, 가치관, 세계관대로 아이들에게 영향을 끼치고 있지만, 근본 소망은 비슷하지 않을까 싶다. 어떤 경우도 아이들에게 해를 입히려는 의도로 말하고 행동하지는 않을 것이

다. 아이에게 힘이 되고 더 나아가기를 바라는 마음으로 함께 해
주되, 그것을 각자 자기 나름으로 자기 방식대로 실천하는 것이
다. 그러니 어른인 자기 자신에 대한 애정과 자신감이 있어야 한
다. 내가 완벽해서, 항상 옳기 때문에 가르치고 주장하는 게 아
니다. 내가 먼저 경험한 것을 아이들에게 보여주고, 그러는 과정
에서 실수나 잘못이 있다면 그것을 인정하고 사과할 수 있으면
된다. 그런 용기와 진실함을 갖출 때 아이들에게 좋은 모범을 보
일 수 있다고 생각한다.

　마지막으로 하나 더. 늘 마음에 두고 잊지 않고자 하는 게 있
다. 아이들이 문제 행동을 한다는 것은 새로운 경계와 한계를 배
울 수 있는 기회라는 것! 눈살을 찌푸리며 비난하거나 무시하지
않고, 따뜻한 마음으로 함께할 수 있게 해주는 주문이다.

'잔반 모아 먹기'의 진실

학교 점심 시간에는 떠들썩한 소리만큼 많은 일들이 생긴다. 해도 해도 끝이 없는 얘기들을 이어 가고 새로운 소식을 나누며 서로 친밀감을 확인하기 바쁘다. 숨죽여 내던 목소리를 마음껏 지르고 장난치며 웃어대기도 한다. 이 시간을 위해 오전 수업을 버텨 온 아이들은 그저 즐겁다. 그러나 어떤 아이들에겐 이 시간이 고역이다. 매일같이 돌아오는 시간, 그것도 한 시간을 꽉 채워서 견디는 건 보통 힘들고 고된 일이 아니다. 친구들 무리에서 떨어지지 않기 위해 오바시을 내고, 내가 옆에 앉는 걸 꺼려하는 건 아닌지 눈치도 보고, 얘기에 자연스럽게 끼지 못하는 자신이 어색해 보이진 않을지도 신경을 쓴다.

'숟가락에 잔반 모아 먹기'를 알게 된 것도 그런 점심 시간이 흐르던 어느 날이었다. 한 아이가 눈가가 빨개진 친구를 상담실로 데리고 왔다. "저희 애들끼리 며칠 전부터 재미 삼아 숟가락에 잔반을 모아 가위바위보 진 사람이 먹는 걸 하고 있었어요. 그런데 오늘 애가 걸려서 먹었는데 좀 토했어요. 그거 보고 애들이 '너는 왜 그것도 못 먹고~'라는 식으로 뭐라 한 거예요." 얘기를 더 들어보니 그 전에 걸린 다른 애들은 아무렇지 않게 잘 먹었고, 이 아이도 싫다는 내색 없이 계속 같이 해왔던 거였다. 토했다는 아이는 자신의 마음을 이렇게 표현했다. "평소에 애들이 저를 좀 싫어하는 것 같아 눈치가 보였어요. 애들이 딱 대놓고 뭐라고 하는 건 아닌데……."

관계를 중요하게 여기는 사춘기 아이들에게 특정 무리에 속하지 못한다는 건 비극이다. 무리에 속해 있더라도 단짝을 절실히 원한다. 어떤 아이는 자신이 겉으로는 늘 같이 다니는 친구 무리가 있어서 활기차 보이지만, 정작 속마음은 다르다고 털어놓는다. "언제 무리에서 튕겨 나갈지 몰라 불안하다. 진정으로 마음을 나눌 단짝이 없다."는 것이다. 이런 불안이 무리에서 가장 약한 대상을 찾아내게 하는 것 같다. 앞의 아이처럼 평소 다른 아이들과 활발히 어울리는 일 없이 조용하고 자기표현을 잘 하지 않는 아이가 대상이 되기 쉽다. 어떤 아이들은 이런 아이들을 향해 '찌질하다', '그냥 싫다'고 한다. 무리에서 한 명씩 돌아가면서 '따'를 당하는 경우도 흔히 볼 수 있다. 리더 격인 아이가 자기 상황과 마음에 따라 분위기를 만들고 나머지 아이들이 쉽게 동조한 결과다. 그러다가 결국엔 리더 아이가 무리에서 방출되는 경우도 있다. 여하튼 아이들은 자기와 단짝 사이에 누군가 끼어들어 관계의 균형이 깨지는 걸 굉장히 두려워한다. "셋이서 다니면 꼭 한 명은 소외된다."고, 소외되는 그 한 명이 자신일까 걱정하는 것이다.

잔반 모아 먹기를 했던 아이들도 유난히 못됐거나 문제 많은 아이들이 아니었다. 학교 생활 잘하는 예쁜 아이들인데, 자기들끼리 있을 땐 파격적이고 놀라운 행동을 곧잘 하는 것이다. 평범한 아이들의 가해 행동이 이 과정에서 나타날 수 있다. 자기 스트레스를 만만한 친구에게 쏟아내는 것 같다. 어떻게 보면 메마르고 여유를 찾을 길 없는 아이들이 한정된 상황에서 선택할 수 있는 행동이 뻔하지 않을까 싶다.

내 아이가 친구 관계에서 겪는 일도 별반 차이가 없다. 가족들에게 제대로 표현도 못하고 혼자 고민하는 경우가 많다. 친구 관계에서 시달린 아이들은 내게 말할 데가 없다며 상담실에 찾아온다. 부모에게 발길을 돌릴 수 있게 하려면 평소 아이의 말을 제대로 들어줄 줄 알아야 한다. 대번에 "네 성격이 문제다." 같은 말로 아이가 마음을 닫게 만들어선 안 된다. '착하면 손해다'라는 생각을 지레 할 필요도 없다. 다른 아이들에게 친절하면서도 자기 생각이나 의견을 분명하게 말할 수 있어야 한다. 그러려면 가정에서부터 아이가 자신의 욕구와 생각을 자유롭게 표현하게 하고 인정해줘야 한다. 부모 자신이 아이의 말을 윽박지르면서 아이가 밖에서 자기표현을 제대로 할 수 있길 바라면 안 된다. 그리고 우리 아이를 힘들게 했다고 상대 아이들을 무조건 탓하지 않았으면 싶다. 어떤 경우에는 내 아이가 관계 면에서 개선하거나 계발해야 할 부분이 있지 않은지도 살펴보아야 한다. 그런 부분이 있다면 보완해서 앞으로 다른 어려움을 겪지 않도록 해줘야 한다. 또 가정에서의 관계 유형이 다른 관계에서도 되풀이되기 쉽다는 걸 기억하고 부모 자녀 관계를 먼저 살피는 게 필요하다. 내 아이가 다른 아이들을 힘들게 하는 경우도 마찬가지다. 나와 아이의 관계에서부터 시작하고, 그 밖에도 아이가 힘들어하는 게 뭔지 살펴봐야 한다. 그것을 찾아 풀어낼 수 있도록 도와야 한다. 아이가 겪는 일마다 매번 적절한 조언을 해주긴 어렵다. 정답이 없는 경우도 많다. 아이가 상처를 입거나 좌절을 겪더라도 성장 과정에 필요한 수업료라 생각하며 곁에서 위로해주는 게 가장 필요한 일일지도 모른다.

저절로 알아서 잘하는 아이는 없다

//////

아이가 초등학교 때 책가방을 챙겨주는 일이 참 힘들었다. 퇴근해서 저녁식사 준비를 하고 이런저런 집안일을 하다가 알림장을 보고 숙제와 준비물 챙기는 걸 놓치곤 했다. 초등 1학년이 지나고부터는 아이에게 거의 맡기다시피 했던 것 같다. 그 바람에 우리 집 아이들은 어정쩡하게 자립하게 되었고 숙제나 준비물을 잊어서 수업 시간에 난처한 경험을 종종 하곤 했다. 한번은 아이가 "엄마도 ○○ 엄마처럼 집엄마였으면 좋겠어. 숙제할 때 옆에도 있고, 엄마랑 밑에 있으면 좋겠어." 이렇게 말하는데, 그동안 아이가 알게 모르게 겪었을 곤욕과 당혹스러움이 느껴져서 마음이 울컥했다. '언제쯤이면 자기가 알아서 할 수 있을까' 하는 생각을 참 많이 했는데, 스스로 챙기는 습관을 제대로 만들어주지 않고서 그저 아이가 알아서 자기 관리를 잘하기만 바랐던 것 같다.

"사람들이 몸이 불편한 사람 옆에 잘 안 가려 한다는 게 맞나요? 제일 바뀌었으면 하는 건 제 성격이에요. 사람들이 다 나를 안 좋게 봐요. 의지가 없고 잘 삐치고……. 남한테 자꾸 의지하려 하고 저 혼자 안 하려고 한다고. 그리고 제멋대로 군대요. 근데 사람들 말이 다 맞다고 생각해요. 나도 나한테 짜증나고 화나요. 뭘 하고 싶어도 행동으로 잘 안 될 때가 많아요."

소아당뇨를 앓고 있는 한 아이가 어느 날 자신에 대해 말한 내용이다. 초등 6학년 때 소아당뇨 진단을 받은 이후로 부모님에게, 선생님에게, 친구들에게 들었던 말들이 아이의 마음에 이렇게 쌓였던 것 같다. 아이는 하루에도 몇 번씩 혈당을 체크하고 인슐린 주사를 맞아야 했는데, 귀찮아서 놓치는 경우가 많았다. 아이의 부모도 생계를 돌보는 데 매이다 보니 아이가 부모를 필요로 하는 순간 함께하지 못했던 것 같다. 규칙적인 운동이나 식사, 식단 조절 같은 것도 잘 이뤄지지 않았다. 그러다 보니 아이는 종종 쓰러져 응급실에 실려 갔다. 그런 아이에게 부모는 속상한 마음에 화를 내기도 하고, 엄마 아빠도 많이 힘들다고 하소연도 했을 터다. 학교에서도 아이의 행동에 대해 '무책임하다', '의지를 갖고 자기 스스로 더 챙겨야 한다'는 말을 많이 했을 것이다. 아이는 학년이 올라갈수록 가정과 학교 밖의 세계를 떠돌았고 문제 행동은 심해졌다.

이 아이가 겪은 문제들은 '소아당뇨'라는 특수한 상황 탓에 악화된 면이 있지만, 이런 일이 특수한 경우에만 일어나는 건 아니다. '전업맘'이든 '워킹맘'이든 자녀가 자신을 관리하는 방법을 제대로 배우기도 전에, 또는 스스로 관리할 수 있는 단계에 이르지 못한 아이에게 과도한 책임을 부여해 아이를 병들게 하는 경우를 드물지 않게 볼 수 있다. 바빠서, 귀찮아서 하는 말이 아니더라도 아이를 의존적으로 키우지 않으려고 또는 아이의 독립심을 키워주려고 "이제는 네가 알아서 할 수 있을 때잖아, 네가 알아서 해야지."라고 말할 수도 있다. 그러나 이런 식으로 아이 손에 자기 관리를 맡기는 것을 아이가 강요와 밀어냄으로 받아들이진 않는지 살펴봐야 한다. "그것도 제대로 못 하니?", "언제까지 엄마가 봐줘야 하니?"라는 말에 아이는 주눅이 들고 자신감을 잃기 쉽다. 그러면 엄마의 마음과는 달리 점점 더 기대려 하고 혼자서 하는 것을 어려워하게 된다. 또 아이의 상태를 아이 탓으로 돌리지 말아야 한다. 보고기 기습 아프고 답답해서 무심코 "너 때문에 나도 힘들다."라고 내뱉는 순간, 그 말은 고스란히 아이의 마음에 상처로 남는다. 미안한 마음이 들어서 부모에게 당연히 받아야 할 것들을 요청하지 못할 수 있다. 그렇게 채워지지 않은 부분들은 아이의 자존감에 생채기를 내고 부적절하고 자기 파괴적인 스트레스 해소법을 찾아내게 할 뿐이다.

아이들이 스스로 뭔가를 할 수 있으려면 부모의 보살핌이 전제되어야 한다. 저절로 알아서 잘할 수는 없다. 아이가 잘 배우고 익힐 수 있도록 시간을 들여 시범도 보이고 안내도 해야 하는 것이다. 성급해지면 안 된다. 아이 고유의 속도에 맞출 필요가 있다. 어떤 아이는 초등 저학년 때라도 스스로 잘 챙기는 반면 어떤 아이는 조금 더 관심이 필요할 수 있다. 아이가 원하고 도움을 필요로 할 때 힘이 되어주는 것은 중요하다. 그러면서 다음 과정에는 혼자 힘으로 할 수도 있음을 알려주면 되는 것이다.

머리카락 뽑고 손톱 뜯는 마음

〰〰〰〰

　마음에 새겨진 상처가 드러나는 방식은 한 가지가 아니다. 공격적으로 다른 누군가를 괴롭히는 방식으로 표출되기도 하지만, 입을 다물고 바깥세상과 거리를 두기도 한다. 자기 자신을 아프게 만들기도 한다. 이렇게 상처가 드러나는 방식도 다양하지만 상처의 원인도 심리적·생물학적 요인 등 다양하다. '이 문제는 이게 원인이다'라고 쉽게 단정 지을 수가 없다는 데 어려움이 있다.

　"친구가 그렇게 많지가 않아요."라고 말하던 그 아이도 사실은 그렇게 문제가 단순한 게 아니었다. 조용하면서도 성실하게 공부하고 생활하는 아이라 쉽게 눈에 띄지 않는 게 당연한데도 금방 알아볼 수가 있었다. 정수리 쪽 머리 모양이 이상했다. 발모벽(발모광)이라 불리는, 머리카락을 뽑는 습관이 있었던 것이다. 꽤 오래 진행된 것인지 듬성듬성 탈모 증상까지 있었다. 그렇게 눈으로 확인할 수 있을 때까지 아이가 마음으로 느꼈을 고초가 얼마나 컸을지 저절로 짐작이 되었다.

"4학년 때 잠깐 '따'(왕따)를 당했는데, 그때부터 성격이 너무 내성적으로 바뀌었어요. 저 혼자 견뎠어요. 부모님한테 말해도 해결이 안 되고, 담임 선생님도 역할을 제대로 못하고……." "부모님한테 좀 말하기가 어려웠는데, 맞벌이를 하시면서도 시간 쪼개서 학교도 오시고, 외동이라 좀 과잉보호하는 게 있어서 너무 극단적으로 반응하고 걱정하시니까." "5, 6학년 때는 친구가 생기긴 했지만 전적으로 믿게 되고 그러진 않았어요. 놀자고 해도 그냥 혼자 있을 때가 많았고, 손톱 물어뜯는 버릇이 생겼고……." "머리 뽑는 거는 6학년 때 생겼어요. 학원 공부 때문에 스트레스를 받은 것 같아요. 학교와 집에서도 공부해야 할 게 많아졌어요." "요즘도 좀 뽑긴 해요. 수업하거나 책을 읽을 때."

이 아이는 왜 이렇게 혼자 참고 견디려고만 했을까. 어릴 때부터 바쁜 부모 사이에서 혼자 있는 시간이 많았고, 유치원 때도 제일 늦은 시간까지 남아 엄마를 기다리던 불안의 기억이 있긴 했다. 조금 더 커서는 따돌림을 당해도 문제가 커질까 봐 부모님이나 선생님에게 쉽게 도움을 요청하지 못했다. "문제가 커지면 왜 안 되니?"라고 물어봤을 때 아이는 "저는 저를 사랑하는 마음이 적어요. 그리고 친구를 곤란하게 하고 싶지 않아요."라고 대답했다. 상담실에 와서도 자신의 역사를 말하긴 했지만 정서적인 부분을 나누려 하지는 않았다. 불안과 분노가 삐죽삐죽 튀어 나오고 있는데 그걸 어떻게든 막아내려는 안간힘이 손톱을 물어뜯고 머리카락을 뽑는 것으로 표출되는 듯했다. 아이는 어떻게든 자기 선에서 감당하려는 것처럼 보였다.

머리카락을 뽑는 증상은 심리적인 요소 또는 생물학적 요소에서 원인을 찾기도 하고 양쪽이 복합적으로 작용한다고 보기도 한다. 분명한 것은 발병 계기가 심리적인 스트레스 상황과 관련되어 있다는 것이다. 스트레스 강도가 높아질수록 증상이 더 심해진다. 자신의 의지만으로는 그 행동을 멈출 수 없는 충동조절장애에 해당하기 때문에 좀 더 적극적인 치료적 개입이 필요하다. 충동조절장애는 어떤 충동으로 인해 긴장감이 증가하고 이를 해소하고 만족감을 느끼기 위해 자신에게 해가 되는 행동을 반복하는 것이 특징이다. 초기에 적절한 치료가 이뤄지지 않아 만성화된다면 후유증이 크다. 탈모 증상으로 대인 관계, 사회 생활에까지 영향이 이어지기 쉽다. 치료는 기본적으로 정신의학적 접근과 피부과 진료가 함께 진행된다. 필요에 따라 약물 치료와 증상 자체를 개선하기 위한 행동 치료도 고려될 수 있다. 또 부정적인 자아상이나 낮은 자존감 등 손상된 부분을 보강하고 스트레스를 관리할 수 있도록 심리 치료가 필요하다.

만약 내 아이가 머리카락을 뽑는 걸 보게 된다면 예사로 여겨서는 안 된다. "나쁜 버릇, 나쁜 습관이니 자기 의지로 이겨내야지." 하고 던져놔서는 안 된다. 한편에서는 일종의 자해 행동으로 보기도 하는 만큼 깊이 관심을 기울여야 할 문제다. 그렇다고 해서 쉽게 고쳐지지 않는 아이의 행동을 비난하고 채근해서도 안 된다. 그러면 아이가 자신의 행동에 수치심을 느끼고 자신의 상태를 숨기게 된다. 아이에게 머리카락을 뽑는 행동이 자신을 해치는 것임을 알게 해주고, 도와주고 싶은 마음을 표현해야 한다. 그리고 그 행동을 막기 위해서 어떤 방법을 쓰는 것이 좋을지, 어떻게 도와주면 좋을지 물어봐야 한다.

아이를 돕는 가장 좋은 방법은, 먼저 아이가 무엇을 경험하고 있는지 아이의 말에 귀를 기울이는 것이다. 아이의 문제 행동이 무엇을 의미하는지 듣는 것이다.

집안 문제, 어디까지 알려줄까

〰〰〰〰

"아빠가 싫어요. 아빠가 안 그랬으면 좋겠어요.", "집에 안 들어가고 싶어요."

어느 날 상담을 받고 싶다며 찾아온 아이가 한 첫말과 끝말이다. 아빠의 직장 문제로 경제적인 어려움이 생기면서 문제가 된 경우였다. 매일 술을 먹고 들어와서 울분을 토하는 아빠와 말을 안 섞는 것으로 대응하고 있는, 지친 엄마 사이에서 아이는 불안과 답답함이 목까지 차올랐던 것 같다.

이 아이가 상담실에 온 이유는 뭘까? 어떤 부모들은 가정 문제를 밖에서 얘기하는 아이를 이해하지 못한다. 아이도 안다. 상담을 한다고 밀린 아빠의 월급이 해결되는 것도 아니고 아빠에게 새 직장이 나타나는 것도 아니라는 걸 잘 알고 있다. 그런데도 상담실에 오는 건 그냥 '답답해서'이다. 자신의 부모는 자기가 지금 겪고 있는 불안과 일상의 스트레스에 귀를 기울일 여유가 없다. 아이는 가정의 영향도 받지만, 가정 외에 다른 영역의 삶도 있기 때문에 양쪽에서 받는 스트레스가 만만찮게 크다.

주 1회씩 정기적으로 상담을 하면서 아이는 가정에서 받는 스트레스를 덜어내며 조금씩 자신의 현재 과제에 집중하기 시작했다. 전보다 떨어진 성적, 기말 시험에 대한 걱정과 공부의 어려움, 친구 관계에서 생긴 속상함과 갈등에 대해 많이 얘기했다. 그런 와중에도 가정 상황은 전혀 나아진 게 없었고, 아이는 "내가 할 수 있는 게 아무것도 없어요."라며 울기도 했다. 또 여름방학을 보내고 다시 학교로 돌아왔을 때 "방학보다 학교 다니는 게 더 좋아요. 애들이 있으니까. 부담을 잠깐이나마 덜어주니까."라고 말하며 많이 울었다. 그러나 2학기 학교 생활은 조금 달라진 면이 있었다. 특히 어려워했던 교과목에서 눈에 띄게 성적이 향상됐고, 학교 생활에서 새로운 도전도 하게 됐다.

학교에서 여러 아이를 만나면서 이와 같이 어려운 상황에 있어도 문제에 빠져들지 않고 잘 적응하거나 문제를 극복하는 아이들과 그러지 못하는 아이들의 차이를 종종 생각해보게 된다. 문제 행동을 다룰 때 '위험요인'(문제 발생의 위험을 증가시키는 요인)과 '보호요인'(문제나 위험요인에 대한 면역을 키우고 위험요인의 영향을 최소화하는 요인)이라는 측면에서 접근하기도 하는데, 이 두 요인은 각각 지능이나 태도, 행동 경향 등의 개인 요인, 가족 요인, 또래 및 학교 요인, 사회 환경적 요인으로 나눠볼 수 있다. 이 아이의 경우 아버지의 실직과 가정의 경제적 어려움, 부부 간 불화, 가족 구성원의 장애와 질병, 시험 성적 부진 등이 위험요인으로 작용한 것 같다. 보호요인으로는 유년기에 있었던 부모의 안정적인 사랑과 인정, 거기서 비롯된 긍정적인 자존감, 자녀 교육에 부모가 쏟은 열의와 관심, 아이에 대한 부모의 신뢰와 기대, 성실한 태도, 잘해내고자 하는 높은 성취 동기, 이어진 성취 경험들, 원만한 또래 관계와 학교 생활, 교사들과의 좋은 관계 등을 꼽을 수 있다.

문제 상황에 있는 아이를 돕는 기본 개입 방향은 위험요인을 줄이고 보호요인을 강화하는 것이다. 그렇다면 지금 시점에서 부모는 무엇을 하면 좋을까? 실직 상황에서 벗어나려는 노력, 부부 간 불화를 개선하려는 시도, 화를 술로 풀지 않고 욕을 하지 않는 등 행동 변화로 위험요인을 줄일 수 있다. 그러나 부모 자신이 여력이 없어 모범 답인 같은 행동을 펴기 어렵기도 하고, 상황이 뜻대로 잘 안 풀리는 경우도 많다. 이런 상황에서는 부모가 줄 수 있는 보호요인을 강화하는 게 중요하다. 아이의 연령 수준에 맞게 가정이 처한 어려움을 나눌 필요가 있다. 아이가 뭘 알겠나 싶어 아무 얘기도 않을 경우, 부모의 불안정한 모습을 보며 더 심한 불안을 느낄 수밖에 없다. 물론 아이에게 부모의 부담을 떠넘기는 하소연 방식이 되지 않도록 주의해야 한다. 부모 자신이 느끼는 불안감이나 걱정도 표현할 수 있다. 부모가 자신의 감정을 인정하는 모습에서 아이는 자신의 불안과 걱정에 압도되지 않고 살아날 수 있다. 부모라고 해서 완벽하고 좋은 모습만 보일 수도 없고 꼭 그래야 하는 것도 아니다. 부모가 가진 한계와 주어진 여건에서 아이는 자신의 삶을 살아낼 수 있는 힘을 키우게 된다.

아이들에게 세상을 만나는 통로가 여러 개가 있다는 것도 중요하다. 커 갈수록 삶의 무게도 무거워지고 감당해야 할 영역도 확대됨에 따라 다양한 통로가 필요해진다. 물론 가장 기본적인 통로는 부모다. 부모와 쌓은 신뢰 관계다. 그러나 자신의 가치를 확인해볼 수 있는 다른 통로도 분명 필요하다. 다른 통로는 친구일 수도 있고, 음악이나 종교 활동일 수도 있다. 걱정해서 막아서기보다는 허용해줄 필요가 있다. 시도해보지 않으면 성장할 수 없다.

우리 아이가 누군가를 사귄다면

〰〰〰〰

'내 아이도 이성 교제를 할 수 있다.' 당연한 건데도 뭔가 좀 불편하다. 사춘기 아이들의 이성 교제가 이제 특별한 일이 아님을 잘 알면서도 내 아이의 일일 때는 부모로서 어떻게 받아들이고 관심을 기울여야 할지 자신이 없을 수 있다. 내심 공부에 지장이 없을지, 성 문제로 이어지지 않을지 걱정스러운 것이다.

아이들은 이성에 대한 호기심과 이성 관계에 대한 막연한 동경, 외로움, 부모에게서 받지 못하는 관심과 애정의 대체, 일상에서 받는 스트레스 해소 등 여러 가지 이유로 이성 교제를 하게 된다. 이성 교제는 또래 관계 속에서 이루어지는 놀이의 연장이 되기도 하지만, 사춘기의 무게가 작용할 때는 격심한 감정적 소모를 초래한다.

여자아이들은 남자 친구와 헤어지고 난 뒤 이런 말들을 하기도 한다. "저는 걔가 지금도 좋아요. 계속 생각나고 다시 사귀고 싶은데 걔가 안 받아줄 것 같아요." "살 뺄 거예요. 전에 걔가 나보고 살 빼면 예쁘겠다고 한 적 있는데, 살 빼고 다시 사귀자고 해볼 거예요." "애들과 다 같이 노니까 안 볼 수도 없는데 어떻게 대해야 할지 모르겠어요."

불안정한 가정 환경에서 적절한 정서적 돌봄을 받지 못했던 한 아이는 동성 관계에서 겉도는 모습을 많이 보였는데 어느 순간 성인 남자 친구를 사귀고 있었다. 그 아이의 말 중에 "누군가 사랑해주고 따뜻하게 챙겨주고, 그런 사람이 있으면 좋겠어요."라고 했던 게 생각난다. 그 남자 친구에 대해서는 "내 편이 있다는 게 좋아요. 늘 걱정해주고 챙겨줘요. 그러면서 간섭도 별로 안 하고……."라고 말했다.

또래 이성 친구를 사귀는 경우도 크게 다르진 않다. 아이들은 경쟁 관계인 동성 친구들과 달리 이성 친구를 온전히 자기를 걱정해주고 챙겨주는 '내 편'이라고 여긴다. 같은 말을 해도 부모가 하는 말은 잔소리로, 이성 친구가 하는 말은 관심과 애정 어린 걱정으로 듣는다.

이성 교제 경험은 다양한 인간관계를 맺는 연습 과정의 하나이고 아이를 성장시킨다. 걱정이 되더라도 무조건 통제하기보다는 긍정적인 경험이 될 수 있도록 관심을 기울이는 편이 더 적절하다. 평소에 자녀와 대화를 나누며 부모의 가치관이나 기준을 심어주는 게 선행되면 좋다. 아이들은 경계를 알고 싶어 한다.

　주변에 초등 고학년이나 중학생 아이를 둔 엄마들 얘기를 들어보면 이성 교제와 성교육에 대한 관심과 걱정이 많다. 중학생 딸아이가 남자 친구를 사귀고 있는데 귀가 시간이 늦다며, 성교육을 해야 하는지 물어보는 쪽지를 받아본 적이 있다. 아마 그 '성교육'은 성관계에 관한 것이 아닐까 싶다. 아이가 고백받은 경우, 이른바 '썸'을 타는 단계거나 이미 사귀고 있는 경우에 어떤 태도를 취하고 응대해줘야 할지, 조언을 해준다면 어떤 걸 다뤄야 할지 고민이 생긴다. 아이가 엄마에게 쉽게 말을 꺼냈다가 엄마의 반응에 "앞으론 말 안 할 거야", "엄마는 구식이야."라며 실망하는 경우도 많다.

　이성 교제든 사춘기 성교육이든 결국 핵심은 자기 몸에 대한 관심과 존중, 관계에 관한 것이다. 우선 이 시기에 증폭되는 몸에 대한 관심과 고민을 잘 이끌어주는 게 편요하다. 생리를 시작할 때 달력에 시작한 날을 표시해서 주기를 파악하게 도와주는 것도 좋다. 스마트폰에 10대를 위한 생리 주기 관리 앱을 설치해서 이용하는 것도 좋다. 생리 예정일과 주기에 따른 심신의 변화를 알려주는 등 도움이 된다. 겨드랑이 털에 대해서도 제모 제품을 써보게 도와주거나 제모 여부를 두고 찬반 의견이 있음을 함께 이야기해볼 수도 있다. 아이가 자기 몸에 열등감을 느끼고 부정적인 시선으로 바라보기 쉬울 때인데, "그렇지 않아, 괜찮은데 왜 그래?"라는 반응보다는 "그게 고민이구나."라는 호응으로 시작하는 게 좋다.

사춘기 아이들은 친구와 우정을 나누며 자기 존재를 확인하지만, 성적인 관계를 통해 타인을 사랑하고 또 누군가에게 사랑받고 있음을 느끼고 싶어 한다. 이 지점이 사춘기 성교육에서 중요하게 다룰 부분이다. 단순히 성적 만족을 원하는 게 아니다. 관계 속에서 자신의 정체성을 확인하는 과정인 것이다. 물론 성이 쾌락과 함께 생명과 필수적으로 연관될 수밖에 없음을 분명히 가르쳐야 한다.

사춘기 때 이성에게 느끼는 관심과 성 충동은 자연스러운 발달 과정이라는 것을 부모와 아이 모두 인식해야 한다. 그러나 성적 관심과 충동이 모두 사랑과 직결되는 것이 아님도 알아야 한다. 요즘 아이들은 손잡고 서로 끌어안는 정도는 쉽게 하는데, 아이들에게 이런 스킨십이 점점 더 강한 성 충동과 행동을 이끌어낼 수 있음을 인식시킬 필요가 있다. 그런 경우 어느 선까지가 괜찮을지 그 기준을 아이와 구체적으로 얘기해볼 수 있어야 한다. 부모의 걱정과 바람을 전해도 된다. 그리고 부모의 경험담이나 생각을 일상에서 들려주며 아이가 자신의 경우를 돌아보며 생각할 수 있게 해줘야 한다.

딸과 아들에게 성에 대한 남녀의 심리와 일반적인 오해에 관해서도 설명해줘야 한다. 딸에겐 착하고 좋은 남자 친구라도 단둘만 있는 상황에서는 성적 충동이 강해진다는 것, 아들에겐 여자 친구가 "안 돼."라고 할 때는 거절한다는 의미로 받아들이고 절대로 스킨십을 강요하지 말 것 등을 말이다.

이성 교제에서 헤어짐에 관해서도 잘 살펴줘야 한다. 이별했을 때 아픈 마음을 충분히 위로해주어야 한다. 또 상대가 먼저 마음이 달라졌을 때 나와 마음이 같지 않음을 받아들이고, 내 마음이 달라졌을 때에도 나를 좋아해준 상대의 마음을 인정하고 감사히 여기며 잘 헤어질 수 있어야 함을 알려주어야 한다.

만약 자녀가 이성 교제 중이라면 스스로 다음 네 가지 질문을 통해 관계를 점검하도록 도울 수 있다.

① 이 관계에서 나는 나 자신을 어떻게 대하고 있는가?("나는 상대만 돌보는 것이 아니라 나 자신도 잘 돌보는가? 즉 내가 원하고 필요로 하는 것을 중요하게 여기고 있나?")

② 이 관계에서 나는 상대를 잘 대하고 있는가?("나는 상대가 나와 다른 관점을 가지고 있을 때 비난하기보다는 잘 받아들이는 편인가?")

③ 이 관계에서 상대가 나를 대하는 방식에 만족하는가?("나는 싫은 것을 싫다고 말할 때 상대가 화낼 것을 두려워하는가? 상대는 자신과 다른 나의 의견을 비난 없이 잘 받아들이는가?")

④ 이 관계에서 나는 상대가 자기 자신을 대하는 방식에 편안함을 느끼는가?("내가 기분이 안 좋을 때 상대가 이를 무조건 자신의 탓으로 돌리며 자책하지는 않는가?")

이 질문들에 솔직하게 '그렇다'고 대답할 수 있다면 아이는 건강한 이성 교제를 하고 있다고 볼 수 있다. 그렇지 않은 경우라면 적절한 개입이 필요하다.

'모닝 담배' 찾는 속마음

WWWWW

아침 출근길 마을버스 안에서 나도 모르게 창밖에 시선을 뺏길 때가 있다. 몇몇 아이들이 구석진 곳에 함께 서 있는 걸 볼 때다. 나는 하루의 시작을 '모닝 담배'와 함께하는 학생들을 안다. 내가 이런 아이들을 유심히 챙겨 보는 것은 교칙 위반 사실을 적발하거나 신고하기 위해서가 아니다. 나는 그 아이의 문제를 알려주는 흡연이라는 경고의 소리를 들으려 한다.

담배 소지로 담임 선생님에게 걸려 상담실에 온 중1 아이가 있었다. "5학년 2학기 때 처음 담배를 피웠어요. 그때 아빠 담배를 갖고 와서 한 거였고, 왜 했는지는 모르겠어요. 호기심이랑 짜증 둘 다……. 그리고 6학년 때 다시 피웠고요. 그래도 초등 때는 담배를 피워도 중독 정도는 아니었고, 며칠 안 해도 참을 수 있었는데, 중학교 와서는 하루에 한 갑, 반 갑 정도 피웠어요. 한 번씩 줄이려고 하루에 한 개비씩 정해놓고 피우기도 하는데 잘 안 돼요. 스트레스 받으면 담배부터 생각나요." "가족들 짜증나요. 친구들하고 못 놀게 해요. 아빠가 친구들한테도 욕하고……."

아이의 어머니는 아이가 담배를 피운다는 사실을 전혀 몰랐다고 했다. 아이의 흡연 사실을 받아들이기 힘든 것인지, 아이에 대한 사람들의 나쁜 인상과 평가를 덜어주고 싶은 것인지는 분명치 않았다. 아이의 아버지는 굉장히 무서운 기세로 "절대, 흡연은 용납 안 된다."고 말했다. 아이가 담배를 피우는 이유나 근본 원인을 알아내고 금연의 동기가 생기도록 마음을 살피는 데는 무심해보였다. 짐작하건대, 아이 어머니는 너무 무섭게 다잡는 남편에게서 딸을 감싸느라 아이의 문제를 쉬쉬하며 숨기는 데 급급하지 않았을까 싶다. 아버지의 폭력적인 방식도 문제지만 어머니의 이런 행동도 아이에게 별 도움이 되지 않는다. 어머니도 아이가 왜 답답해하고 짜증이 가득 차 있는지 진심으로 들어주지 못하고 있는 것이다.

아이들은 왜 담배를 피우는 걸까? 아이들이 담배를 피우게 된 근본적인 원인, 즉 무슨 고민을 하고 어떤 스트레스를 받고 있는지를 아는 것이 중요하다. 호기심이나 스트레스 해소 같은 이유들을 말하기도 하지만, 주요한 원인은 가족 문제나 또래 관계, 부적응 문제 등에서 찾을 수 있다.

이른 나이에 담배를 접하는 경우는 대부분 가정 환경·가족 내 문제를 안고 있다. 특히 부모와 관계가 좋지 못할 때 또래 모임에서 위안과 소속감을 느끼는데, 이때 담배는 그것을 확인하는 매개체가 된다. 그러니 나쁜 친구의 영향으로 아이가 흡연에 이르게 되었다고만 여겨선 안 된다. 내 아이가 왜 그 친구들에게 마음을 붙이게 됐는지를 먼저 생각해봐야 한다. 또래끼리 함께 흡연하는 과정에서 음주, 약물, 성 문제 등이 발생하기 쉽다는 것도 우려할 만한 점이다. 흡연이 비행의 시작점이 될 수 있는 것이다. 그러니 청소년 시기의 흡연을 지나가는 바람으로 여기고 가벼이 지나쳐서는 안 된다.

먼저, 부모 자녀 관계에서 풀어야 할 과제는 없는지 확인해봐야 한다. 아이의 얘기를 들어봐야 한다. 부모에 대한 분노 감정이 흡연에 영향을 주고 있는 것은 아닌지, 과도한 기대로 부담을 느끼고 있는 것은 아닌지 등등. 그리고 부모의 야단과 잔소리, 눈물 어린 호소로 금연이 이뤄지지는 않는다는 걸 기억하자. 심하게 혼내거나 윽박지르고, 감시를 강화하는 건 반항심만 키울 뿐이다. 그렇다고 아이들의 의지에만 맡겨서는 안 된다. 이 지점에서 부모의 관심과 노력이 지속적으로 필요하다. 금연 동기를 저해하는 환경적 요인, 흡연을 강요당하거나 동참할 수밖에 없게 만드는 주변 상황을 파악하여 그 고리를 끊어주어야 한다. 그러려면 아이와 금연에 대한 공감대를 형성하는 데 많은 노력을 기울여야 한다. 친구들과 함께 금연 클리닉에 등록하여 서로 담배를 권하는 일이 없도록, 서로를 도울 수 있도록 하는 것도 좋다. 특히 금연하려는 의지가 지속될 수 있도록 개개인에게 적합한 동기를 찾는 게 중요하다. 운동을 좋아하는 아이에게는 함께 운동을 하면서 흡연 때문에 운동할 때 과하게 숨이 찬다는 걸 느끼도록 해준다. 또 담배 때문에 치아가 누렇게 변색된다는 사실을, 키가 1년에 약 2cm나 덜 자란다는 연구 결과를 말해줄 수도 있다. 이 과정에 시간이 얼마나 걸릴지는 모른다. 쉽게 행동으로 옮겨지지 않는다고 낙심하지 말아야 한다. "금연한다는 게 참 어려울 거야. 쉽지 않은 일이지만 분명히 해낼 수 있어. 우리가 도와줄게." 부모 자신에게도, 아이에게도 이렇게 말할 수 있어야겠다.

사춘기 '형제 경쟁'

‖‖‖‖

요 몇 년 사이 형제들이 함께하는 자리에서 어린 시절 얘기들을 나누는 일이 부쩍 많아졌다. 재미있었던 기억들을 꺼내며 웃기도 하는데, 한참 얘기하다 보면 "내 잘못이 아닌데도 누구 때문에 더 많이 혼났다." "엄마는 누구를 더 사랑해줬다." 같은 억울하고 서운했던 일들도 곧잘 나온다. 이제 다 각자 가정을 꾸려 자식을 키우는 부모인데도 부모님께 우리 중 누가 더 사랑과 인정을 받았는지, 지금은 또 어떤지를 의식하는 모습도 보게 된다. 신기하게도 같은 사진을 두고 제각 다르게 기억하고 해석하기도 한다.

사춘기 아이들도 영유아기의 '형제 경쟁' 못지않은 갈등과 고통을 겪는다. 공부 잘하는 형제와 비교되어 자신은 찬밥 신세라고 느끼는 아이, 아프거나 장애가 있는 형제 때문에 자신은 관심을 못 받고 있다고 여기는 아이, 외모나 재능이 우월한 형제가 있어 자신은 대우를 못 받는다고 생각하는 아이, 어떤 이유인지는 모르겠지만 부모가 형이나 동생 어느 한쪽을 더 친밀하게 대해 소외감을 느끼는 아이를 흔히 볼 수 있다.

"엄마는 저한테만 하지 못하게 하는 게 많아요. 오빠한테 화난 것까지 나한테 풀어요. 평소에 엄마도 저처럼 표현을 잘 안 해요. 저를 사랑하는 건 알겠는데, 이해받는 느낌이 안 들어서 슬퍼요." 이렇게 말한 아이는 자신이 집안일도 곧잘 도맡아 하고 엄마와 오빠 사이에서 완충 역할도 해 왔는데, 사춘기가 되면서 집에 들어가면 답답하다며 밖으로 돌기 시작했다.

또 한 아이는 "엄마가 나만 미워해요. 동생이랑 아빠, 엄마는 다 같은 편이고. 나만 이상한 사람 취급해요."라고 말했다. "동생이 나이 차가 꽤 나는데도 누나라고 부르지 않고 이름 부를 때가 많아서 너무 재수 없고 밉다."라고도 했다. 이 아이는 동생을 때리고 싶어도 그러면 도리어 자기가 혼나기 때문에 그럴 수도 없다고 분통을 터뜨렸다.

어떤 아이는 "아빠는 너한테 기대 안 한다."는 말에 상처를 받았다. 공부를 잘해 기대를 받아 온 언니가 그 부담으로 힘들어하는 것을 안 아빠가 둘째한테는 부담을 주지 않으려고 했던 말이었다. 아빠가 어떤 의도로 하는 말인지 알면서도 마음 한편에선 '뭘 하든 간에 기대 안 한다는 건가, 나는 잘할 수 없다고 여기는 건가, 나는 아빠의 기대를 못 받는 건가.' 하는 생각이 들어 의욕이 꺾인다고 했다.

부모가 자식들을 똑같이 사랑한다 해도 그 방식이 다 같을 수는 없다. 아이들 각자에 맞게 다르게 대할 필요도 있다. 그러나 그것이 편애가 된다면, 아이는 불공평함과 억울함을 느끼게 된다. 편애를 받는 형제에 대한 미움도 커진다. 반대로 자신이 편애받고 있다고 느끼는 아이는 다른 형제를 무시하거나 우습게 여길 수 있다. 또는 자신이 직접 심하게 혼나거나 맞지 않아도 혼나는 형제자매를 보는 것만으로도 마음의 부담이 커질 수 있다. '나는 안 겪어서 다행이다' 싶다가도 '나도 잘못하면 언제든 저렇게 될 수 있겠구나' 싶어 불안해지기도 한다. 나만 혼나지 않고 피해 간 것에 대해 미안함과 불편함을 느끼기도 한다. 어떠한 이유로든 한 아이에게 사랑이 치우치면 형제 관계는 불편해진다.

모든 형제들이 날카롭고 과격한 형제 경쟁을 거치는 건 아니니. 부모가 어떻게 중심을 잡아가느냐에 따라 긴밀하고 안정적인 관계를 형성할 수도 있고 불안정한 관계로 치달을 수도 있다. 아이의 개성과 능력, 아이가 무엇을 원하는지를 확인하는 게 필요하다. 형제를 같은 학원에 보내는 등 같은 교육 과정을 거치게 하는 경우도 많은데, 이 경우 필연적으로 비교가 따르게 되고 경쟁 구도에 빠지기 쉽다.

특히 사춘기 형제간 갈등과 다툼에 부모가 개입하는 것은 조심해야 한다. 어느 한쪽을 옳다고 하게 되면 "엄마는 불공평하다." "엄마는 누구 편이다."라는 말이 당연하게 나온다. 아무리 그 판단이 객관적이고 옳아도 소용없다. 다른 한쪽은 불만을 품는다. "네가 ○○니까 무조건 말 들어. 네가 ○○니까 참아야지, 양보해라."라고 하는 것도 좋지 않다. 판사가 되어 "네가 잘못했네. 빨리 사과해."라는 식의 중재를 하는 것도 별 도움이 되지 않는다. 아이 마음에 억울함과 반항심이 생기게 된다. 특별히 위험한 상황이나 도움을 요청하는 경우가 아니라면 어느 정도 무관심을 보이는 것도 좋다. 형제간에 갈등하면서 조율하는 힘을 키울 수 있게 두고 볼 수 있어야 한다.

아이들은 공평하게 대우받길 바란다. '공평한 대우' 안에는 어떤 경우에도 자기 말에 귀 기울여주길 바란다는 항목이 들어 있다. 부모는 전지전능하지도 않고 만능 해결사도 아니다. 매사에 공정하긴 어렵다. 단지 억울해하고 힘들어하는 아이한테 말할 기회를 주고 그 말에 귀 기울이는 게 필요하다. 그다음에 서로 어떻게 해결하면 좋을지 의논하면 된다.

또래 갈등 다루기

〰〰〰〰〰

요즘 딸아이는 단짝 친구와 소원해지고 있다. 갈등을 겪고 다시 돈독해지기를 몇 번 되풀이했는데 이번에는 꽤 심각한 상태로 보인다. 아이 둘을 키우면서 사회성, 친구 관계를 걱정하지 않았던 적이 거의 없었다. 특별히 애착을 느끼는 친구가 없는 것 같아서, 여러 명 어울리는 중에 미묘하게 겉돌아서, 짓궂은 아이에게 제대로 대응을 못해서 등등. 이런저런 일들을 겪는 아이가 힘든 게 아니라 지켜보는 내가 나가떨어지기 일보 직전 아닌가 싶을 때도 있다.

이는 나뿐만 아니라 많은 학부모들이 겪는 문제이기도 하다. 예전 우리 클 때와는 달리 부모가 신경 써야 할 일이 너무 많다. 공부, 진로뿐 아니라 친구 관계까지 관심 있게 들여다보지 않을 수 없다. 친구 사이에 흔히 일어나는 갈등 상황인지, 괴롭힘이나 따돌림의 문제인지 판단하는 것도 너무 어렵다.

요즘 아이들은 대면 관계에서 취약한 면을 많이 보인다. 진득하게 관계를 맺고 유지하는 걸 어려워한다. 어떤 앞선 시대보다 많은 관심과 돌봄을 받고 있는 것 같지만 실상은 그렇지 않을 수도 있다. 아이들 스스로 처리해야 할 일들이 너무 많고 인정받을 기회는 너무 적다. 무리에서 빼어나야 하는 경쟁 구도가 만연하다 보니 다른 아이들과 함께하는 것도 불편하다. 같이 노는 사이인데도 날선 말과 행동을 주고받고, 만만한 아이를 화풀이 대상으로 삼는 일도 비일비재하다. 그러다 보니 친구가 언제 배신할지 몰라 속을 다 보일 수 없다며 외로워하는 아이들이 참 많다. 오히려 일상생활에서 엮이지 않은 '랜선 친구'(온라인 세상에서 대화하고 소통하는 친구)들과 '단타'로 관계 맺는 걸 더 편하게 여기는 것 같다. 일상을 함께하는 또래 간 갈등은 SNS로 옮겨 가 문제가 증폭되기도 한다. 아이들은 결과를 생각하지 않고 자신의 기분과 생각을 내뱉는다. 그것도 누구나 볼 수 있는 공개적인 공간에서. 직접 얼굴을 맞대는 상황이 아니다 보니 극단적이고 과격한 말도 너무 쉽게 한다. 또래 간의 결집력을 발휘해 한 아이를 가혹하게 몰아붙이고 그 과정에서 사이버불링, 언어 폭력이 일어나기도 한다.

부모 입장에서는 내 아이가 힘들어하는 상황이라고 알아차렸더라도 적절하게 대처하지 못할 때가 있다. 실제로 아이들은 부모들의 대응 방법을 부정적으로 느낄 때가 많다. "제 편을 들어 주길 바랐는데, '네가 더 잘못한 거다'라며 뭐라 해요. '네가 그러니까 찐따, 왕따'라고요. '커서 사회 생활 어떻게 하겠냐' 그런 말씀도 하십니다. 엄마는 화가 나서 한 소리일 수 있지만 마음에 남아요. 엄마 속마음이 정말 그런가 의심도 되고요." "엄마한테 애기 안 하고 싶었어요. 학교 찾아올까 봐. 한번은 엄마가 상대 엄마랑 싸운 적이 있었는데 또 그렇게 될까 봐." "엄마는 저와 반대로 자신감 있고 뭐든 잘하는 스타일이에요. 애들이 만만하게 보지 않도록 단호하게 얘기도 하고, 싫으면 싫다고 말하라고 하는데 저는 못 하겠어요." "애들한테 욕도 듣고 맞아서 안경다리가 부러졌는데, 그냥 친구들끼리 싸운 걸로 받아들였는지 아무 대응을 안 해주셨어요."

아이를 돕는 데서 부모의 심리적 자원은 큰 영향을 미친다. 소통하고 공감하는 능력, 문제의 핵심을 파악하고 해결책을 찾아내서 실행에 옮길 수 있는 능력 등이 해당한다. 부모가 이러한 심리적 자원이 부족해서 아이가 놓인 상황에 적절하게 대처해주지 못하면, 아이는 자신감을 잃고 다른 아이들에게 휘둘리게 된다. 때로는 아이가 원하는 것보다 부모 자신의 감정과 욕구를 해소하는 게 우선이 되어 아이를 곤란한 상황에 빠뜨리기도 한다. 예를 들어, 내 아이를 힘들게 만든 상대 아이에게 전화를 하거나 찾아가기도 하는데, 이러면 오히려 문제가 커지기 쉽다. 사춘기 아이들은 어린아이들과 달리 위압이 가해진다고 해서 자신의 잘못을 쉽게 인정하지 않을뿐더러 더 공격적으로 반응하기 쉽다. "아줌마나 잘하세요."라는 말을 듣기 십상이다. 상대 아이를 직접 대면해서 차분하면서도 단호한 '경고'나 부드러운 '부탁'을 해서 효과를 볼 수 있는 것은 거의 초등 저학년 정도까지다.

부모의 개입 수위를 결정하는 게 쉽지는 않다. 아이 성향과 상황에 따라 다를 것이다. 중요한 것은 아이가 어떻게 느끼고 있느냐다. 주관적 고통이라 할지라도 소홀히 여기면 안 된다. 충분히 알아줘야 한다. 아이가 위해를 당하는 상황이라 판단되면 적극적으로 개입해야 한다. 사소한 다툼 또는 짓궂은 장난, SNS에서 상대 아이들끼리 험담을 나누는 단계를 넘어서서 집요하게 괴롭히는 행동이 반복되는 경우를 말한다. 물리적인 폭력이 있는 경우는 두말할 것도 없고 사이버 상에서 괴롭힘이 지속되는 경우도 정말 위험하다. 무슨 일이 일어나고 있는지 확인해야 하지만, 바로 경찰에 신고를 해야 한다는 건 아니다. 당사자인 아이와 먼저 대화하는 것이 적절할 때가 더 많다. 아이에게 제대로 도움을 주려면 부모가 미리 답을 정해놓지 않아야 한다. 아이에게 이 문제는 분명히 해결할 수 있다는 확신을 주고, 아이가 도움을 받고 싶은 사람이 있는지, 학교폭력대책자치위원회 절차를 통해서 도움을 받고 싶은지, 상대 아이들과 만나서 얘기를 나누고 문제를 풀어볼 마음이 있는지를 알아봐야 한다. 그리고 상황을 파악할 때 담임 선생님의 관찰이나 생각도 참고할 필요가 있다. 부모가 못 보던 아이 모습을 확인할 수도 있기 때문이다. 또 담임 선생님의 중재를 통해 상대 아이의 부모를 만나 이야기를 나눠볼 수도 있다. 이 과정에 수많은 변수가 작용하겠지만, 어떤 경우든 내 아이가 다른 아이들과 함께 생활한다는 것을 잊지 않았으면 좋겠다. 내 아이만을 위한 외딴섬을 만들어서는 안 된다. 또 하나, 어떤 식으로 해결이 되든지 간에 아이를 상담받게 하는 것이 좋다. 괴롭힘을 당하는 과정에서 받은 스트레스를 잘 처리하고 효과적으로 대처하는 방법을 배운다면 큰 도움이 될 것이다.

기말고사를 맞는 우리의 자세

〰〰〰

　기말고사가 코앞이다. 중학교 들어와서 전보다 공부가 어려워져 힘들다고 하는 아이들이 많다. 초등 때는 일정 수준 이상이면 누구나 공부를 좀 하는 줄 알다가 중학교 시험을 보면서 자신의 상대적 위치를 보고 절망하는 친구들이 많다. 고등학교나 대학 진학에 영향을 끼칠 수 있기 때문에 부모들도 이 시기 아이 공부나 시험 성적에 대한 압박감을 느끼기 쉽다.

　자신이 원하는 공부가 따로 있어 교과 공부는 별 신경을 쓰지 않겠다고 해서 부모를 안타깝게 했던 아이가 있었다. 그런데 이번 기말시험만큼은 공부를 하고 있다는 것이다. 몇 점 이상이면 부모님이 자신이 원하는 걸 해주기로 약속했다고 했다. 그런 조건에라도 반응을 해서 다행이다 싶었다. 하지만 보상에 따른 노력은 부작용이 많아 걱정스럽기도 했다. 특히 노력의 대가가 물질적 보상일 때 자존감이 낮은 아이는 거기서 자신의 존재감을 확인하기 쉽다. 또 아이한테 매번 보상을 주다 보면 보상 없이는 자발적으로 공부를 하지 않게 될 수도 있다.

때론 아이가 부모한테 공부를 도와 달라고 할 수도 있다. 이럴 때 부모들은 어디까지 어떻게 도와주면 좋을지 난감해한다. 아이가 원하는 대로 마주 앉아 문제를 내줘도 되고, 소리 내 외우는 걸 들어줘도 좋다. 이때 부모의 성급한 마음을 조절하는 게 필요하다. 답답한 마음에 정답을 얼른 가르쳐주다 보면 시험을 치를 때 아이 스스로 생각하는 게 어려워질 수 있다. 시간이 걸려도 아이가 문제를 스스로 풀도록 기다려줘야 한다. 그래야 아이는 자신이 스스로 해낼 수 있다는 자신감을 얻을 수 있다.

아이가 밤늦게까지 공부할 때 곁에 있어주는 엄마들을 본 적이 있다. 한번은 큰애가 중3 때 공부하면서 너무 힘들어하길래 "엄마가 좀 같이 있어 줄까?" 물었더니 좋다고 했다. 그 뒤로도 아이가 원할 때는 내 일을 하면서 간간이 아이 컨디션도 물어보며 함께 있어 줬다. 시신 정답은 없다. 다만, 이런 방법들은 아이가 요청한 것보다 앞서 나가지 않는 선에서 시도해야 한다. 아이가 원하는 때가 아닐 때 함께 있는 건 감시가 되기 쉽다. 고학년으로 갈수록 필요한 공부를 스스로 해야 하는데 부모가 관심을 많이 보이면 이런 자기 주도 학습이 어려워질 수 있다. 부모-자녀 신뢰 관계에도 문제가 생긴다. 그렇다고 방치를 하라는 게 아니다. 아이의 상태를 보고 도와야 하는 순간 넌지시 조언도 해주고, 요청하는 것을 도와줄 수 있어야 한다.

아이 스스로 능력과 현실에 맞는 목표를 세우도록 돕는 것도 필요하다. 50점대 점수라면 60점대 점수에 도전해보게 정해주는 것이다. 중하위권이라면 도전 과목을 한두 개로 정해 거기서부터 '성공 경험'을 쌓도록 돕는 게 좋다. 이런 경험들이 있으면 공부가 아닌 다른 영역에서도 자신감이 생길 수 있다.

커닝하는 친구들의 공통점

WWWW

기말고사 시즌이다. 학교에서는 시험 중에 가끔 커닝 사건이 터진다. 수행평가나 지필고사 때 준비해 온 쪽지를 보고 작성하다가 걸리는 일이 간혹 있다. 사실 책상 아래나 가방 속 자료를 보고 싶은 마음이 왜 안 들겠나. 물론 대부분은 유혹에 넘어가지 않는다. 결과가 무서워 시도할 생각도 못 했을 수 있고, 떳떳하지 않은 행동이라 아주 단호하게 생각을 접었을 수도 있다.

부정 행위를 한 아이들을 상담하다 보면 공통점이 있다. 공부를 잘하거나 못하거나 바신기시나. 모두 성적에 대한 부담으로 스트레스를 많이 받고 있었다. 공부를 잘하면 잘하는 대로 "○○ 대는 가야지.", "이 정도는 해야지."라며 과도한 관심과 기대에 스트레스를 받고, 못하면 못하는 대로 더 잘해야 한다거나 잘하는 대상과 비교당해 스트레스가 쌓인다. 또는 부모와 손위 형제가 성적 문제로 갈등을 빚는 모습을 매일 보면서 영향받기도 한다. 강압적이고 폭력적인 부모의 관리 방식이나 반응에 공포를 느끼며 자란 경우도 있다.

아이가 부정 행위를 했을 경우 어떻게 하는 게 좋을까? 아이들이 가장 두려워하는 것은 부모한테 혼나는 것, 그리고 다른 아이들 앞에서 창피를 당하는 것이다. 또 목표한 상급 학교에 진학하는 데 걸림돌이 되지 않을지 걱정하기도 한다.

우선 아이가 제대로 책임을 지도록 해줘야 한다. 부모가 안타깝고 걱정스런 마음에 그런 행동을 별것 아닌 것처럼, 또는 재수 없이 걸렸다는 식으로 넘겨선 안 된다. 물론 아이가 왜 부정 행위를 하게 됐는지, 그 부담과 스트레스를 이해하고 위로해줄 필요가 있다. 그러나 다른 행동을 선택할 수도 있음을 생각해보게 도와야 한다. 어떤 일이든 일어날 수 있으며 누구나 잘못할 수 있다는 것, 잘못의 결과를 감당하고 더 나은 방향으로 나아갈 수 있으며, 잘못 이후의 행동에 따라 그 사람의 가치가 달라질 수 있다고 알려줘야 한다. 그 과정에서 다른 사람들의 곱지 않은 시선을 받을 수 있지만, 그것조차도 견뎌내야 한다고 일러줘야 한다.

가장 중요한 건 스스로 자율적인 기준을 세우도록 하는 것이다. 타율적으로 움직이게 되면 부정 행위에 대해서도 '안 걸리면 되지'라고 생각할 수밖에 없다. 그 행동 자체를 성찰하는 힘은

떨어지고 다른 사람의 평가나 행동에 가해지는 처벌에만 관심을 두게 되니 "안 걸리면 되잖아." 또는 "재수 없어서 걸렸어."라고 당당하게 말하게 된다.

아이가 자율적인 기준을 세우려면 평소 부모가 행동의 동기, 과정을 중요하게 여기는 태도를 보여주는 게 좋다. 이 부분을 놓치면 아이는 부모가 생각했던 것보다 큰 압박을 받으며 표면적인 성취와 결과를 위해 부정 행위를 저지르기 쉽다. 다른 사람 입장에서 생각해보게 하는 것도 좋다. '저 사람의 마음은 어떨까? 무슨 생각이 들까? 무엇 때문에 저런 행동을 하게 됐을까?' '내 행동이 저 사람에게 어떤 영향을 끼쳤을까?'라는 물음에 항상 노출되어 있는 사람이라면 더 높은 도덕성, 보편적인 가치와 양심에 따르는 삶에 더 가까워질 수밖에 없다.

'알찬' 방학을 위하여

〰〰〰

곧 여름방학이다. 한 아이는 방학하자마자 일주일 내내 학원 등 공부 스케줄이 잡히면서 쉬는 시간이 없어질 것 같다며 한숨을 내쉬었다. 공부에 신경을 쓰는 아이라 자신도 그렇게 해야 하는 걸 이해는 한다고 했다. 또 한 아이는 《꽃들에게 희망을》이란 책에 나오는 애벌레 기둥 얘기를 했다. 다른 애벌레들을 밟거나 그들한테 밟히며 하늘 높이 솟아 있는 꼭대기에 도달했는데 정작 아무것도 없었던 장면이 충격적이었다며 자기는 그렇게 살기는 싫다고 했다.

방학을 어떻게 보내느냐에 따라 아이의 미래가 달라진다는 말을 종종 듣는다. 그런 얘기를 들으면 덜컥 겁이 나면서도 솔깃해지기도 한다. 사실 나도 우리 집 아이들이 방학을 정말 알차게 보냈으면 좋겠다. 한편으론 미안한 마음도 든다. 내가 어릴 때의 방학은 '알찬' 시간들이 아니었다.

지금처럼 쉼 없는 시간들이 옳은 것 같지는 않다. 부모가 설계한 코스대로 달린 아이들은 어느 시점에선 막다른 골목에 서게된다. 그렇다고 아이들한테 모든 걸 맡겨놓자는 건 아니다. 어쩌면 과거 어느 때보다 아이들이 자기 삶의 주인으로 살아갈 수 있도록 더 많이 도와야 하는 시대인지 모른다.

이번 여름방학에는 어떤 도움이 필요할까? 요즘 사회가 요구하는 새로운 인재상에 가까워지게 도와주는 좋은 캠프를 찾아보내야 할까, 집에서 함께 여유 있는 체험이나 휴식 시간을 보낼까, 부족한 학습을 보충하거나 한 단계 도약하도록 강도 있는 학원 수업에 넣는 것이 좋을까? 여러 고민을 하게 된다.

어떤 것이든 부모의 바람과 계획이 아니라 아이의 욕구와 선택을 먼저 고려해야 한다. 아이가 선택해서 캠프를 가도 그 기간에는 자극을 받아 의욕이 고취되지만 일상으로 돌아오면 원래 상태로 돌아오는 걸 더 많이 봤다. 개인의 특성에 따라 세세한 적응이 필요한 것이라 대증적 개입으로는 쉽지 않다.

공부에 전념하라고 종일 학원 수업을 듣게 하는 것도 무리수다. 긴 시간 동안 동일한 정도의 집중력을 유지할 수는 없다. 짧은 시간이라도 규칙적으로 공부하는 게 더 좋다. 방학 때 효율적으로 공부 시간을 운영해보면 학기 중 공부 습관으로 저절로 이어질 수도 있다. 집중력이 지나치게 떨어지거나 공부하기가 지겹다면 과감하게 접고 놀 필요도 있다.

방학 동안엔 특히 노는 시간과 자는 시간을 확보할 수 있게 도와야 한다. 아이의 장밋빛 미래를 위해서 당장 희생하기 쉬운 영역이지만, 여기에 쏟는 시간이 부족하면 문제 해결력, 창의성, 사회성에 문제가 생기기 쉽다. 시간을 알게 모르게 잡아먹는 스마트폰 등의 디지털 기기를 잠자기 전 제한하는 것도 필요하다. 차라리 이를 규칙적으로 사용할 수 있는 시간을 마련해주는 게 낫다.

무언가를 더 많이 하면 좋을 것이라는 생각도 버려야 한다. 해야 할 것이 지나치게 많으면 안 된다. 생각해 둔 것, 계획했던 것에서 빼는 작업을 해야 한다. 커 갈수록 한 권의 책이라도 충분히 음미하는 것이 더 필요하다.

사춘기 아이들한테는 혼자만의 시간이 필요하다. 스스로 고민하고 해결을 시도하거나 자신이 선택한 것에 몰입한 경험이 성장에 보탬이 된다. 그 시간을 방해하지 말자.

"뚱뚱하면 왕따 되니까요"

wwwww

방학 직전에 학교 아이들에게 여름방학 계획표를 세워보자고 했더니 일제히 키득거렸다. "우린 못 지켜요!" "어차피 안 돼요."

우선, 이번 방학 때 자기가 해보고 싶은 것, 꼭 해야 하는 것 목록을 만들어보게 했다. 공부 계획 다음으로 다이어트, 운동이 압도적으로 많았다. 어느새 사춘기 아이들한테 외모는 매우 중요한 '덕목'이 되어버렸다. '뚱뚱하면 왕따당한다'는 말에 마음이 편치 않았지만 아주 낯선 이야기는 아니다.

학교에서도 외모 때문에 스트레스받는 아이들을 많이 본다. 여름방학 때 쌍꺼풀 수술을 한 아이가 있었다. 다른 아이를 통해서 들은 얘기로는 주변 친구들이 장난처럼 '눈 작다'고 한 말에 영향을 받은 것 같다고 했다. 그리고 한 아이는 같이 다니는 아이들에 비해 하체가 조금 더 튼튼했을 뿐이었는데, 그게 문제가 되어 극심하게 다이어트를 한 모양이었다. 결국 생리까지 멈춰서 주변 어른들이 걱정을 많이 했다.

몸무게를 5kg, 심지어 10kg까지 빼겠다는 아이들이 너무 많다. 대부분 굶어서 빼겠단다. 흐지부지 그냥 넘어가는 경우가 많지만, 굳은 의지로 다이어트를 실천하는 아이들도 소수지만 분명히 있어서 거식증으로 알려진 섭식장애를 겪지 않을까 염려되기도 한다.

요즘은 성형수술이나 각종 시술에 대해 부모들도 많이 개방적이 되긴 했지만 성형수술을 마냥 쉽게만 생각할 수는 없다. 한번 한 성형은 되돌릴 수 없는 만큼 사춘기 시절의 변덕스러운 마음 변화를 고려하지 않을 수 없다.

아이가 자신의 외모에 만족하고 자신감을 가지려면 어린 시절부터 부모가 아이를 있는 그대로 예뻐하고 소중히 대해야 한다. 이 부분이 충족되지 않을 때 아이들은 쉽게 자신의 외모에서 문제를 찾는다. 그 부분이 수정되면 사랑받을 수 있고 자신감이 생길 거라고 거꾸로 생각한다. 그런데 바로 그렇게 생각하기 때문에 성형수술이나 시술로 건강한 자존감, 자아상을 회복할 수 없다.

아이가 외모 문제로 고민하고 있다면, 어떤 점이 신경 쓰이는지, 괴로운지를 충분히 들어주고 이해해줘야 한다. "남의 시선 신경 쓰지 마. 네 할 일만 잘하면 돼."라는 말도 해답이 안 된다. 외모순으로 성공과 행복의 순서가 정해지지 않는다는 실제 사례, 외모와 상관없이 당당하게 자기를 사랑하고 가치 있게 여기는 사람이 더 존중받고 인정받을 수 있음을 구체적으로 알려줘도 좋겠다.

아이가 자신이 어떻게 해볼 수 있는 일이 아니라고 여기는 일들이 많을수록 그에 따른 스트레스가 외모 집착으로 나타나기 쉽다. 아이 스스로 통제하는 경험들을 해볼 수 있게 해야 한다.

살을 빼려는 것도 자기 관리의 하나로 볼 수 있다. 그 과정을 아이가 긍정적인 방향으로 경험할 수 있다면, 자신이 선택하고 집중해서 수행했을 때 성취감을 느낄 것이다. 부모는 아이 곁에서 성장을 고려해 어느 정도의 감량이 필요한지, 어떤 방법이 좋을지 함께 의논해주면 된다. "운동해.", "그만 먹어."라는 지시로는 부족하다. 식단도 챙기고, 매일 저녁 함께 운동하러 나가는 노력이 필요할 수 있다.

귀가 시간 줄다리기

〰〰〰〰

대학생이었을 때도 집에 늦는다고 전화할 일이 있을 때마다 엄청 주저했던 기억이 있다. 매번 부모님의 질책을 들을 각오를 단단히 했다. 집으로 들어가는 길엔 혼날 생각에 가슴이 두근거리고 발걸음도 무거웠다. 대학생이나 되는 딸을 그렇게나 못 믿나 싶었지만, 돌아오는 어머니의 말은 "너를 못 믿는 게 아니라 세상을 못 믿어서 그래."였다.

사춘기 아이들의 불만 중 하나가 바로 귀가 시간이다. "다른 애들은 다 늦게까지 있는데 나만 일찍 나와야 해요. 한창 재미있을 때 나와야 하니까 짜증나요." "10분 늦었다고 외출 금지래요. 항상 자기 마음대로 해요."

부모는 부모대로 할 말이 많다. "자기가 약속한 시각도 못 지킨다. 한번 봐주면 계속 늦는 걸 어떻게 하나." "늦으면 늦는다고 전화를 해야지, 연락이 없어서 전화하면 아예 안 받는다. 자기 필요할 때만 먼저 전화한다."

예전의 나처럼 지금 아이들도 혼나는 게 무서우면서도 귀가 시간을 지키는 게 어려운 모양이다. 아이들한테는 친구들과 있는 시간이 매우 짧게 느껴질 게다. 게다가 전화로 듣는 부모의 짜증 섞인 매서운 말도 일단은 피하고 싶을 게다. 지금 이 순간의 재미가 강력한 동력이 되는 아이들에게 그걸 내놓으라고 하는 것 자체가 사실 엄청나게 무리한 요구다. 그 대가가 혼나는 거라면 아이들이 무엇을 선택할지 쉽게 예상된다. 실제로 단순한 귀가 시간 문제가 심각한 가출 문제로 이어지는 경우가 종종 있다. "놀다 보니 시간이 많이 지났어요. 어차피 혼나는 거 그냥 계속 놀았어요." 그리고 그 다음날도 "어차피 지금 들어가면 더 혼나요. 맞아 죽어요. 무서워서 못 들어가요."라며 뜻하지 않게 며칠간의 가출로 이어진 것이다.

귀가 시간에 관한 규칙은 필요하다. 천편일률로 몇 시가 정답이라고 말하기 어렵다. 각 가정의 사정에 따라 합의된 시각이 답이다. 시간을 정할 때는 아이가 커 갈수록 허용 범위가 넓어져야 함을 참작해야 한다. 예외 사항이 있을 수 있음을 인정하고 융통성 있게 적용하는 것도 염두에 둬야 한다. 단, 아이 안전을 지키는 범위에서는 타협하면 안 된다. 부모의 의무와 책임의 영역이다. 어디에 있는지, 누구와 있는지, 언제 집으로 오는지는 반드시 알고 있어야 한다.

부모의 일방적인 지시와 설정으로는 안 된다. 가능한 한 아이 입장에서 납득할 수 있도록 설명을 반복해야 할 수도 있다. 한번은 우리 집 규칙에 대해서 따져 묻는 아이에게 "네가 어른이 되기까지는 엄마, 아빠가 너를 잘 기를 책임이 있어. 네가 실수하거나 잘못하는 것도 아직은 우리가 도와주거나 같이 해결해야 할 일이 많잖아. 그러니까 엄마, 아빠의 입장이 규칙에 더 들어갈 수밖에 없다는 건 네가 이해해주면 좋겠다."는 내용의 말을 해주기도 했다.

사실 어떻게 한다 해도 아이들이 원하는 만큼 어른 대접을 해주기는 어렵다. 그 부분은 관계로 메워 나가야 할 것이다. 집이 편하지 않으면 밖으로 나돌 수밖에 없다. 반갑게 맞아주고, 아이가 집에서도 쉬거나 하고 싶은 걸 할 수 있게 해주고, 의논 상대가 되어줄 수 있어야 한다. 만약 귀가 시간을 어긴다면, 왜 집에 늦게 들어오는지 귀 기울일 필요가 있다. 아이가 집에 들어오기 싫어하는 이유가 무엇인지 알아야 한다. 친구들과 노는 게 좋아서 늦는다면, 그 친구들의 태도나 행동에 초점을 맞춰서 우려되는 점과 걱정하는 마음을 전한다. 물론 그런다고 해서 행동이 바로 수정되는 건 아니다. 하지만 적어도 부모의 사랑과 가정의 따뜻함이 전해져서 관계가 탄탄해지는 것은 기대할 수 있다.

약속을 어기고 늦게 오는 경우에 대해서도 미리 구체적으로 얘기를 나눠야 한다. 늦으면 어떤 식으로 전화하거나 행동해야 한다는 것, 걱정하고 있다는 것을 세세하게 공유해야 한다. 중요한 건, 아이가 전화했을 때 화를 내거나 야단치면 안 된다는 것이다. 그다음부터 아이가 전화하지 않기를 바라는 게 아니라면 말이다. 늦게 들어온 아이에게 걱정했음을 전하고, "늦었구나. ○○시까지는 와."라고 차분하게 말해야 한다. 반복적으로 어기는 경우에도 그걸 싸움으로 만들어서는 안 된다. 아이 스스로 규칙을 어기고 있음을 인식하고 자신의 행동으로 부모가 걱정하며 마음 쓰고 있음을 알게 해야 한다.

"조카 크레파스 18색"

〰〰〰〰

언젠가 아이의 카카오톡 상태 메시지에 '조카 크레파스 18색'
이라는 글이 떠 있었다. '아니, 웬 욕?' 새 학년, 새 학기를 맞아
학교 생활이나 애들과 관계에서 무슨 문제가 생긴 건 아닌지 걱
정이 됐다. 엄청 눈치를 보며 아이가 편안해 보이는 때를 기다렸
다가 지나가는 말처럼 물어보았다. "카톡을 보다 보니 '조카 크
레파스 18색'이라고 되어 있더라." "아~ 그거? 재미있어서 올려
본 건데." "그래? 엄마, 솔직히 좀 걱정했잖아. 뭔 일 있나 해서."
이렇게 얘기를 주고받으며 가벼이 넘어간 일이 있었다.

스마트폰을 쓰는 아이들이 많아지면서 페이스북(이하 페북)이
나 트위터, 인스타그램 같은 소셜네트워크서비스(SNS), 메신저를
사용하는 아이들도 급증했다. 아이들은 프로필 사진이나 상태
메시지를 통해 자신의 이미지나 상황을 표현하는 데 익숙하다.
그만큼 이 창구에서 여러 가지 사건과 분쟁이 시작되기도 한다.

사춘기 아이들은 위험한 일을 곧잘 벌인다. 문제는 자신이 위험한 일을 하고 있다고 여기지 않는다는 것. 한순간에 벌어진 일로 엄청나게 후회하기도 하고, 어른들한테 "어쩜 이렇게 생각이 없냐!"라고 꾸중을 듣기도 한다. 특히 요즘 아이들에게는 음주, 흡연, 오토바이만큼이나 SNS가 치명적인 문제다.(아이들은 '페북'을 많이 사용한다.) 아이들은 불특정 다수가 연결되어 있는 곳에 자신이 보고 듣고 느끼고 생각한 것들을 거의 실시간으로 올리고 다수의 반응을 확인한다. 부모들이 추측하는 것보다 많은 아이들이 디지털 세계에 자신의 정보를 무방비로 풀어놓고 있다.

한 아이는 중학교에 입학하면서 방학 때 파마를 한 모습을 자신의 프로필 사진으로 올렸는데, 그전부터 그 아이를 싫어하고 무시하던 한 아이가 자기 친구들과 그 사진을 돌려보면서 쑥덕거리고 비웃는 일이 있었다. 얌전하고 소극적이었던 아이는 중학교 생활을 새로운 이미지로 시작하고 싶었던 것인데, 상대 아이들은 "찌질이가 왜 나대냐."는 식이었다. 결국 아이는 그 사진을 내리고 다시 조용하고 위축된 모습으로 학교 생활을 이어갔다. 또 다른 한 아이는 절친과 갈등이 있은 뒤 그 친구의 상태 메시지, "나도 쓰레기지만, 너도 쓰레기다."라는 글을 읽고 자신을 말하는 거라며 울적해했다. 사실 어떻게 보면 이 정도 말은 양호한 수준이다. 더한 '저격 글'도 많다.

디지털 시대의 아이들은 이렇게 디지털 세계에서 자기표현과 관계 맺음을 일상으로 한다. 이로 인한 폐해도 무시하기 어렵다. 카톡이나 페북에서 평소 감정이 안 좋았던 친구가 저격 글을 올려놨다며 상담실이나 생활지도부를 찾는 경우도 많지만, 온라인 상으로만 알고 지내는 친구에게서 받은 위협을 호소하는 경우도 늘고 있다. 그런가 하면, 온라인 게임에서 채팅을 하다가 서로 친해지거나 썸을 타고 사귀는 일도 많다. 사람은 누구나 인정 욕구가 있다. 사랑과 관심을 추구하고, 그것을 바탕으로 삼아 자신의 정체성을 확립해 간다. 요즘 사춘기 아이들에게는 디지털 세계가 이 과업을 수행하는 중요한 터전이다. 그러니 "진지하지 않다, 쓸데없는 시간 낭비다, 피상적인 인간관계만 맺는다."며 비난부터 할 일이 아니다.

사춘기에 접어든 아이들은 더 넓은 세상에 대한 호기심으로 가득하다. 이 시절에는 호기심을 쉽게 행동으로 옮긴다. 이때 중요하게 작용하는 것이 청소년기의 주요 특성 중 하나인 자아 중심적 사고다. 이때의 아이들 심리는 '모두 나를 지켜보고 있다'는 상상과 '나는 특별하다'는 믿음, '나는 주인공'이라는 개인적 우화로 이루어져 있다. 특히 이 개인적 우화의 신념이 아이들에게 용기와 자극을 준다. 이 용기 탓에 적극적으로 위험을 불러들이기도 한다. 사춘기 아이들은 "다른 사람들과 달리 나는 괜찮을 거야.", "피해 가겠지."라고 생각하기 쉽다. 그래서 모르는 사람 말도 쉽게 믿고 의지한다. 경계심이나 두려움을 품고 관찰하기보다는 자신에 대한 인정과 관심으로 여기고 받아들인다.

SNS는 이 시기 아이들이 자아 중심적 사고와 욕구를 충족하는 데 더할 나위 없이 유용한 도구다. 시간과 노력을 기울여야 하는 대면 관계가 버거운 아이들에게 더 쉽게, 더 많은 인맥을 확보할 수 있게 해주는 것이다. 특별한 목적 없이는 함께 어울릴 수 있는 놀이가 없는 상황, 서로 경쟁하고 우열이 매겨지는 과정에서 스트레스를 받는 아이들에게 참 단비 같은 창구일 것이다.

팍팍한 현실 속에서 아이들이 누릴 수 있는 시간과 공간이 한정적이라는 점은 우리 모두 인정한다. 아이들은 그 짧은 틈 사이에서 잠깐의 놀이를 하고, 휴식을 취하며 관계 맺기를 한다. 그러면서 자신이 진짜 어떤 사람인가 확인하는 작업을 한다. 여러 한계 상황에서도 이렇게 자기 자신을 펼칠 수 있는 공간을 찾고, 타인과 교류하고, 더 넓은 세상을 만나고자 하는 아이들을 인정하는 것이 우선 필요하다.

아이가 디지털 매체를 통해 자신을 표현하고 타인과의 연결을 위한 활동을 시작한다면, 자신을 안전하게 보호하는 방법에 대해서 충분히 얘기를 해줘야 한다. 아이들은 일면식도 없는 또래, 이성과도 페이스북 친구 추가를 쉽게 한다. 그러다 사소한 문제로 관계가 어긋나면서 욕설로 위협을 하고 서로 주고받았던 사진을 배포하는 식으로 사이버 폭력이 이루어지는 경우가 많다.

아이들에게 카톡이나 페북 이용자는 신원 확인이 어렵다는 점, 그로 인해 자신들이 범죄에 이용당할 수도 있다는 점, 이 채널에서는 정보가 순식간에 널리 전파된다는 점, 무심코 올린 특정인에 관한 이야기가 범죄나 폭력이 되어 처벌로까지 이어질 수 있다는 점 등을 명확히 인식시켜야 한다. 그리고 자신에게 그런 일이 생긴다면 혼자 해결할 수 없으므로 꼭 도움을 요청해야 한다는 점도 새겨줘야 한다. 혼자서 말도 안 되는 협박을 당하며 꽤 오랜 시간을 고통 속에 있는 아이들이 많다. 아이들이 언제든 손을 내밀 수 있는 부모, 어른이 필요하다.

한편, 이미지 관리가 가능한 온라인 활동에 치중하다 보면 실제 자신의 모습으로 누군가와 관계를 맺는 것을 두려워하게 될 수도 있다. 대면 관계를 통해서 저절로 익히게 되는 시선 처리, 목소리 내기, 타인의 표정 이해와 감정 나누기 등에서 부자연스러움을 느끼고 다시 온라인 세상 속으로 움츠러드는 악순환을 겪게 되는 것이다. 또한 디지털 세계에서 내가 남긴 정보나 흔적

들을 지워버리는 게 얼마나 어려운 일인지 생각해볼 기회를 줘야 한다. 또 자기 노출의 내용과 정도도 스스로 고려해봐야 한다는 것을 진지하게 알려줘야 한다.

선택도 연습이 필요하다

WWWW

짧고도 짧은 여름방학이 벌써 끝자락을 보인다. 방학만 기다리며 이것저것 해야 할 일, 하고 싶었던 일들을 생각하고 있었는데, 눈 깜짝할 새 개학이다. 마무리를 짓지 못한 것도 있고 손도 못 댄 것도 있어서 아쉽다.

우리 집 애들한테도 방학 시작 때 계획을 물어봤다. 큰애는 2학기 내신 준비를 철저히 하겠다며 과목별 계획을 세웠는데, 촘촘하게 해내기가 어려웠던 모양이다. 둘째는 좋아하는 웹툰 정주행하기, 일찍 안 일어나기, 온종일 밖에 안 나가고 자기 방에서 빈둥거리기 등 몇 가지를 세워 제법 만족스러운 성과를 낸 것 같다.

방학이 끝나는 아쉬움을 뒤로하고, 이제는 달성하지 못한 목표들을 점검하며 2학기 생활을 미리 생각해보는 시간을 가질 때다. 열심히 공부하든, 잘 놀든 자기한테 중요한 것을 찾아서 선택하고 경험하는 연습을 하도록 도와줘야 하는 시기이다. 특히 자기 관리가 어려운 사춘기 아이들한테는 이런 연습 경험이 중요하다.

예전에 학교 아이들과 자기 주도 학습 프로그램을 함께해봤는데, 단순히 학습 계획을 세우는 것 자체가 중요한 게 아니었다. 구체적인 내용이 그려지지 않더라도 계속 '나는 어떤 삶을 살고 싶지?', '나는 어떻게 살고 싶지?' 같은 질문을 품고 있게 하는 게 중요했다. 이 질문과 함께 '올해는', '이번 학기는', '이번 방학은 무엇을 해볼까?'에 초점을 맞춰서 지금 내가 하고 싶은 것과 해야 할 것은 무엇인지 목록을 만들어보게 했다. 연습이 많이 필요한 작업이었다.

이 프로그램에서 핵심적인 활동 가운데 하나가 시간 관리다. 원칙은 '중요성'과 '긴급성'이다. '중요하면서도 긴급한 것', '중요한데 긴급하지 않은 것', '중요하지는 않은데 긴급한 것', '중요하지도 긴급하지도 않은 것'으로 나눌 수 있다.

중요하면서도 긴급한 것에는 '기말 시험 전날 벼락치기', '내일 있는 수행평가', '치통 해결하러 병원 가기' 등이 있다. 중요한데 긴급하지 않은 것에는 '평소 꾸준히 해 오던 공부', '독서', '몇 주 뒤 예고된 수행평가 준비', '키 크기를 위한 줄넘기' 등이 있다. 중요하지는 않은데 긴급한 것에는 '친구한테서 온 카톡 메시지나 전화' 등이 있고, 중요하지도 긴급하지도 않은 것에는 '시험 전날

텔레비전이나 웹툰 보기' 등이 있다.

가장 먼저 해야 할 건 중요하면서도 긴급한 일이다. 이 일은 시간상으로 촉박한데 중요한 것이니 스트레스가 따를 수밖에 없다. 중요하면서도 긴급하지 않은 일을 일상에서 꾸준히 해 나가는 게 중요하다. 이 일을 소홀히 하면 중요하면서도 긴급한 일로 전환된다.

삶에서 무엇에 가치와 의미를 두느냐에 따라 중요도와 긴급도는 달라질 수 있다. 또한 매 순간 중요한 것만 하고 살 수도 없다. 효율성 너머에서 마주칠 수 있는 의외의 재미와 변화를 가치 없다고 함부로 말할 수도 없을 것 같다. 부모의 기준에 따라 중요성과 긴급성을 나누게 하기보다는 지금 아이가 자신이 세운 큰 목표를 위해 무엇을 중요하게 볼 것인지 생각하고 선택할 수 있게 함께 점검해주는 게 필요하다.

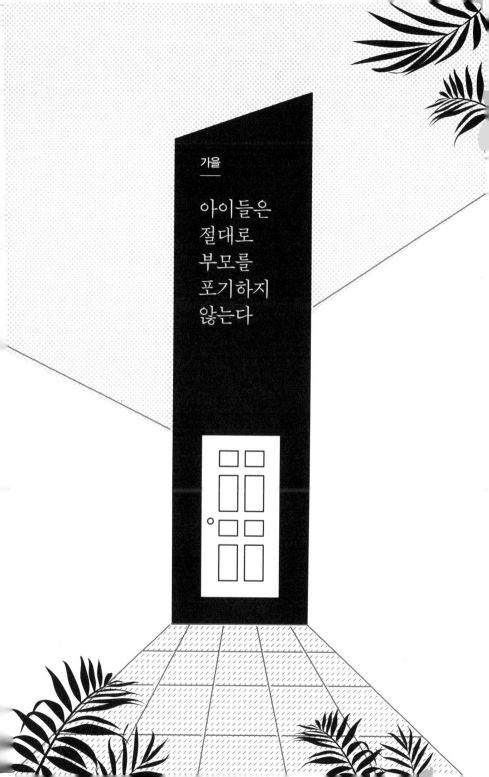

가을
—

아이들은
절대로
부모를
포기하지
않는다

행복도 경험해봐야 안다

결혼해서 내 아이가 생기고부터 그동안 살아오면서 한 번도 느껴보지 못했던 마음들을 알게 되었다. 참 놀랍게도 아이가 몸이 아플 때 진심으로 내가 대신 아플 수 있길 바라게 되었고, 아이가 무슨 일로 마음 상해할 때는 안타까움에 애가 타서 그냥 내가 대신 문제를 해결해주고 싶었다. 나뿐만 아니라 많은 부모가 그럴 것이다. 내 삶의 많은 부분, 시간과 노력을 아이들에게 쏟고 그만큼 그것들이 내 아이의 행복으로 이어지길 바라게 된다. 이러한 부모의 간절한 마음은 부모의 욕심이라고 섣불리 말할 수 있을까.

그렇지만 아이들의 불행과 아픔을 가까이에서 보는 나의 경우, 부모의 이 간절한 바람이 욕심으로 느껴지는 때가 참 많다. 엄마 때문에 아빠 때문에 너무 힘들어요, 나를 안 믿어줘요, 난 잘하는 게 없어요, 집 나가고 싶어요, 죽고 싶어요, 다 소용 없어요, 그냥 견디는 수밖에 없어요……. 이런 말들을 들으면서 아이들의 행복과 불행에 대해 자주 생각하게 된다.

자녀의 행복을 바라는 부모의 마음이 어떻게 욕심이 되어버린 걸까? 여러 이유를 말할 수 있겠지만, 아이가 원하는 것을 보기보다는 부모 자신이 간절히 원했던 바를 충족하고 자신의 불안을 가라앉힐 수 있길 바라는 마음이 더 크게 작용할 때가 바로 순수한 바람이 욕심으로 변질되는 지점이지 않을까 싶다. 부모 자신의 편리와 이기심이 더 앞선 때라고 생각한다. 그래서 지금 당장 좀 힘들어하거나 불행하다 해도 나중에 행복하면 된다고 쉽게 합리화하며 아이에게 많은 요구와 강제적 설득을 가하게 된다.

아이가 한두 문제를 틀려 100점을 못 받으면 그렇게 아깝고 안타까울 수가 없다. 100점을 받아 왔을 때도 100점 받은 아이들이 너 말고 몇 명이나 더 있는지 확인한다. 2등을 했을 때는 아직 충분하지 않고 1등을 목표로 더 열심히 해야 한다며 아이를 분발시킨다. 그러나 1등을 했을 때도 여기서 방심하면 안 된다며 아이를 긴장시킨다.

어떤 조건에서도 아이들이 여유 있게 자신의 수행 결과를 음미하고 받아들이기 어렵게 된다. 결국엔 항상 자신이 불만족스럽고 충분하지 못하다고 느끼게 된다. 누군가 인정하고 칭찬을 해주어도 제대로 기뻐하지도 못하고 심지어 믿지도 받아들이지도 못한다. 그냥 하는 빈말로 받아들이거나, 다른 목적을 의심하거나, 자신을 잘 알지 못해서 하는 말이라고 생각한다. 내가 만나는 아이들 중에는 자신감 있고 자존감이 높아 자신의 장단점을 그대로 잘 알고 인정하는 아이들도 있지만, 유능하고 매력적인데도 자신의 부족한 면에 사로잡혀 자신은 잘할 수 없을 거라고 자신은 괜찮은 사람이 아니라고 고개를 가로젓는 아이도 종종 있다. 또한 많은 아이들이 공부를 빼어나게 잘하지 못한다는 이유로 많이 부족하고 딱히 쓸모없고 뭐 하나 잘하는 게 없다는 아주 거친 평가를 받는다. 성적이 높지 않기 때문에 좋은 사람, 가치 있는 사람이 되지 못하는 것이다.

부모인 내가 부족한 능력 때문에 현재의 삶이 불행하다고 여겨 자식을 더 몰아치는 경우도 있고, 또는 내가 공부를 잘하고 부단히 노력해서 삶이 좀 더 풍요로워졌다고 믿어 아이가 지금이라도 못 따라올까 봐 자신의 잣대로 아이를 재촉하고 압박하기도 한다. 어느 쪽이든 내 아이를 있는 그대로 사랑하고 받아들이지는 못하는 것이다. 내 아이가 자기 힘으로 자신의 삶을 충분히 살아갈 수 있고 행복할 수 있다는 걸 믿지 못하는 것이다. 사실 좀 더 생각해보면 부모 자신이 삶에서 만족감과 행복을 누리지 못하는 것일 수 있다. 막연한 불안과 채워지지 않는 허전함을 느끼고 있는 것이다. 그만큼 내가 사랑하는 내 자식에게서 보상과 안전을 확인하고 싶어지는 게 아닐까 싶다.

문제는, 어떤 경우든 내 자식이 잘되라고 하는 행동들이 아이들을 아프게 하고 건강하지 못하게 만든다는 것이다. 그리고 자신감 없고 부정적이고 무기력한 모습으로 생활하는 아이를 보면서 또 걱정을 반복하게 된다.

부모인 내가 연륜이나 경험 면에서 아이가 세상을 살아가는 데 필요한 준비 사항들을 알려주고 더 효과적으로 대비하도록 할 수 있다. 어쩌면 그게 부모로서 자녀들에게 반드시 가르치고 도와줘야 할 일일 수도 있다. 그러나 어떤 완제품을 아이들 손에 쥐어주는 방식은 아닐 것이다. 내가 보고 겪은 삶이 내 아이들의 삶이 될 수 없고, 내 아이 또한 내가 아니기 때문이다. 안타깝지만 부모인 내가 검증한 방식을 아이에게 그대로 따르라고 할 수는 없다. 그리고 시간 절약을 내세워 과정을 건너뛰게 하거나 핵심 교훈만 머리에 심어주는 것도 문제가 된다. 부모는 아이가 자라는 긴 과정 동안 넘어졌다가 일어나고 실수하고서 그것을 알아차리고 만회하는 수많은 시행착오를 지켜봐줄 수 있어야 한다고 생각한다. 그래야만 그 과정을 통해서 단단하면서도 유연한 사람이 되어 세상을 원활하게 살아갈 수 있지 않을까?

행복을 느껴본 사람이 행복한 상태를 알 수 있다고 생각한다. 행복이란 고형 상태, 특정 지점이 아니라 시시각각 변하는 유동 과정이 아닐까 싶다. 행복도 연습하고 배울수록 더 풍요로워질 수 있다고 생각한다. 그렇기 때문에 내 아이의 미래 행복을 위한다면 지금 이 순간의 행복을 가벼이 여기면 안 될 것 같다.

관계에 서툰 아이에게

중학교에서 근무하다 보니 내 중학교 시절이 자주 떠오른다. 그 시절 기억 중 지금도 미안하고 부끄러운 일이 있다. 한 아이가 나와 친해지고 싶어 했는데, 나에게 다가오는 그 마음을 모르는 척했다. 특별히 그 애를 괴롭히거나 따돌리진 않았지만, 꽤 쌀쌀맞게 대했던 것 같다. 그 당시에도 그 애가 괜찮은 아이라는 걸 알고 있었고 그렇게 행동하는 내가 참 이상하다고 생각했다. 지금도 하얗고, 선하게 생겼고, 안경을 낀, 단발머리 그 아이 모습이 생생하게 떠오른다. 느린 말투가 답답했던 걸까? 착해 보여서 무시하고 싶었던 걸까? 그냥 잘 알지도 못하는 아이가 나에게 먼저 다가오는 게 싫었던 걸까?

2학기 첫 상담은 친구 관계 고민인 경우가 많다. "전학 가고 싶다." "학교 가기 싫다." "교실에 들어가기 싫다." 같은 이야기를 하는 아이들 문제로 벌써 몇 건의 학생 상담, 학부모 상담이 있었다. 방학을 지내면서 새 학기에는 다시 시작하고 싶은 마음으로 학교 생활을 맞이하는데 상황이 여전하기 때문에 아이들 입장에서는 당황스러울 수 있다. 나름대로 '2학기에는 잘해봐야지' 각오를 했지만 이미 서로를 알고 있어서 아무렇지 않게 스며들기 어려울 수도 있다.

상담했던 한 아이도 친해지고 싶었던 반 아이가 거부감을 내보이면서 반 전체가 자신을 '은따(은근한 따돌림)'한다고 느꼈다. 실제 상황은 아이가 느끼는 것만큼 심각하진 않았지만, 그 일을 겪는 아이에겐 충분히 위협적일 만했다. 여전히 일상적인 관계를 맺고 있는 반 아이들이 있는데도 자신을 거부했던 아이가 반에서 영향력이 있다 보니 위축이 되는 것 같았다. 게다가 그동안 친하게 지냈던 무리 중 한 아이가 자신을 두고 뒷담화를 한 걸 알게 되면서 아이는 그 무리에도 거리감을 느끼고 있었다.

사춘기 시절은 또래 관계를 통해 자신을 확인하는 때라 여기에 문제가 생기면 대인 관계, 자존감에 꽤 큰 상흔이 남는다. 처음엔 특정한 한 사람의 거부일 뿐이지만, 결국 자신에 대한 신뢰가 흔들리게 되기 쉽다. 이런 상황에서는 자신이 늘 해 오던 행동, 태도, 말투, 외모 등이 다 문제처럼 여겨진다. 자신을 뭔가 잘못된 사람, 이상한 사람같이 생각하기 쉽다. 전학을 얘기하고, 이유 없이 몸이 아프고, 지각을 하는 등 문제 행동이 나타난다.

그런데 아이들은 우리 어른들이 생각하는 것처럼 자신을 쉽게 포기하지 않는다. 그런 문제 행동조차도 어떻게든 자기 자신을 보호하고 더 나은 미래를 꿈꾸기 위한 것들이다. 물론 자기 자신을 해칠 가능성이 더 높은 방법들이라 걱정스럽긴 하다. 그래서 아이들이 자신을 돌보고자 하는 그 힘을 제대로 된 방향으로 쓰도록 도와줄 필요가 있다.

앞에 얘기한 아이는 기본적으로 관계 갈등에 예민한 성격이 아니었다. 자기가 관심 있어 하는 학교 활동을 열심히 하는 스타일이었다. 그렇게 무난하고도 느슨한 관계를 맺어 오다 무리 짓는 아이들과 관계 맺기에서 비롯된 신경전에 당황한 것 같았다. 상담에서는 상대 아이와 주변 아이들의 성향을 이해할 수 있도록 도와줬다. 나를 좋아하지 않는 사람이 있을 수 있다는 것, 여러 아이에게 사심 없이 가까이 다가가는 행동이 어떤 아이들에게는 자기 단짝을 빼앗기고 소외될지 모른다는 위협감을 줄 수 있다고 말해줬다. 나에게 우호적인 친구가 없지 않다는 걸 확인하고 그 아이들과 할 수 있는 일들을 계획해보게 했다. 관계가 불편한 아이들과는 기본적인 인사나 일상적인 말은 건네되 경계를 넘어서 친한 척하거나 저자세 취하지 않기, 상대가 반응을 안 보이는 건 그 아이의 자유라는 것을 받아들이기, 다소 우호적인 아이들에게는 이런 상황 때문에 내가 지금 힘들고 고민이 된다는 정도의 표현은 하되 상대 아이에 대한 험담이나 욕은 하지 않기 등의 태도도 알려줬다. 특히 험담이나 욕을 하면서 친구들의 동의를 끌어내서는 안 된다. 상대 아이와 언제든 다시 친해질 수 있는데 내가 했던 말이 부메랑처럼 돌아와 곤란해질 수 있기 때문이다. 아이한테 관계 문제가 모두 사라진 것은 아니지만, 빠르게 안정을 찾아 갔다.

이 아이뿐만 아니라 대부분 아이들은 불안한 마음을 누군가에게 호소한다. 관심과 지지를 받고, 대응 방법을 의논하는 과정을 거치는 것만으로도 그 시기를 잘 견딘다. 한편으론 관계 맺기에 미숙한 아이들이 점점 늘어나는 것 같아 염려도 된다. 관계는 결코 저절로 이루어지는 게 아니다. 가정에서 부모·형제와 마음을 주고받는 경험이 바탕이 돼야 바깥 사람들과도 원만하게 관계를 맺을 수 있다. 어쩌면 관계도 공부가 필요한 부분이 아닐까 싶다.

나는 상담실에서 아이들에게 "나부터 나를 먼저 예뻐해주기 다른 사람은 나를 예뻐하지 않더라도 나는 나를 위로해주고 격려해주기. 나 자신을 먼저 아끼고 챙길 수 있는 사람이 되면 좋겠다."라고 말하곤 한다. 또 "나를 함부로 대하는 사람은 진정한 친구가 아니다." "나를 원하지 않는 사람과 억지로 사귀려고 애쓰지 않기." "내가 좋아하는 친구가 나보다 다른 친구를 더 좋아할 수 있음을 받아들이기." "내가 나 자신을 사랑하고 상대를 함부로 대하지 않는다면, 그러면서 내가 하는 일에 집중한다면, 다른 아이들이 나를 궁금하게 여기며 가까이 다가설 거다."라는 말을 자주 한다. 그리고 구체적인 행동으로는 먼저 인사하기, 먼저 말 걸어보기, 도움을 받기보다는 주기, 흔쾌히 도와주고 난 뒤에는 감사의 반응 기대하지 말기, 지각이나 결석하지 않기, 준비물 잘 챙기기, 수행평가 과제 제때 제출하기, 수업 시간에 자지 않기, 가능하다면 공부 열심히 해서 성적 올리기, 전학 갈 때 가더라도 학교 생활 빠지지 않고 해내기, 등·하굣길이나 쉬는 시간에 누군가 나에게 말 걸 수 있을 때 이어폰 꽂고 있지 말기, 옷 깨끗하게 입기, 머리 잘 감고 단정한 상태 유지하기, 점심 먹고 이 잘 닦기 등등 소소한 일상 행동들을 잘 챙기도록 조언한다.

어른이 되는 속도

〰〰〰〰〰

우리 집 첫째 아이는 유독 마르고 약한 편이다. 아이가 한번씩 아플 때 안타까운 마음으로 더 관심과 정성을 쏟곤 하는데, 그럴 때 종종 둘째 아이가 샘을 낸다. "엄마, 나도 목이 따끔거려."라며 아픈 곳을 늘어놓기도 하고, 뜬금없이 "엄마, 나 얼마나 사랑해?" 묻기도 한다. 그럴 때마다 "너 열나고 아플 때 엄마가 새벽에 일어나서 물수건으로 닦아주던 거 기억나지?" 하며 아이의 기억을 상기시키기도 하고, "완전 사랑하지~", "우리 딸 아까 서운했어?"라며 살살 달래주기도 하는데, 어떤 때는 금방 풀리기도 하고 또 어떤 때는 뭔가 충분하지 않다는 표정이다.

학교 아이들 중에도 형제자매가 장애가 있거나 아픈 아이들이 종종 있다. 이 아이들이 자진해서 상담실을 찾아오는 경우는 거의 없었던 것 같다. 우연히 상담실을 방문하게 되고, 상담을 진행하다 보면 그 문제에서 비롯된 어려움이 드러나는 경우가 있다. 한 아이는 학기 후반으로 갈수록 얼굴이 어두워져서 걱정스러운 마음에 상담을 권유한 적이 있었다. 마다하지 않고 상담에 응한 아이는 성적, 진로 문제가 고민이고 친구 관계도 힘들고 자신의 성격에 불만이 있다고 말했다. 자기 생각도 있고 뭔가를 잘하고 싶은 욕심도 있는 아이였는데, 그 많은 것들을 자기 마음속에 가득 담아놓고만 있는 것 같았다. 한참 얘기를 듣다가 "넌 혼자 자신을 돌보는 게 이력이 났겠구나." 하고 말했는데, 아이는 그 말을 받아 "집에서부터 이골이 났어요. 동생이 그러니까⋯⋯."라며 동생의 장애 사실을 이야기했다. "넌 언제부터 스스로 네 자신을 돌봐야 한다고 생각하게 됐니?" "(눈시울이 붉어지며) 동생이 그러니까⋯⋯, 싸우더라도 동생 아프니까 참으라 하고⋯⋯ 엄마는 학교에서 있었던 일을 평소에 물어보시는데, 좋은 일은 거의 다 얘기하지만 나쁜 일이나 안 좋은 일은 말 안 해요. 걱정하고 속상해하실까 봐." 남한테 피해를 줄까 봐, 상대방이 불편해할까 봐 부탁하는 것도 어렵고 마음을 드러내는 것도 주저하며 혼자 버텨내고 있었던 것이다.

어린 시절부터 장애가 있는 동생에게 관심이 집중되는 가정 분위기 속에서 아이는 자신의 요구나 어려움을 잘 말하지 못했을 것이다. 여러 가지로 여력이 없는 부모는 말없이 알아서 잘하는 아이에게 큰 힘을 얻으면서 아이의 필요를 놓치기도 했을 터다.

아이가 필요로 할 때 부모가 놓치는 상황이 반복되다 보면 사정이 안 되는 부모를 머리로 이해하며 입을 다물게 된다. 자신감이 없어지고 뭐를 해도 다 잘 안 될 것 같다. 이런 상황 속에서 부모의 본심과는 달리 아이는 부모에게 관심과 사랑을 받지 못하고 있다고 여기며 외로움을 느끼기 쉽다. 때로는 더 건강한 자신과 이기적인 생각이 드는 자신에게 죄책감을 느끼기도 한다. 형제자매의 장애를 놀리는 또래들에게 분노도 느끼지만 동시에 수치심을 느끼기도 한다. 때로는 이 많은 스트레스를 혼자 겪게 하는, 기댈 수 없는 부모를 원망한다. 이렇게 들끓는 감정을 표현할 줄 모르고 가슴에 꽁꽁 묻어두다 보니 더 큰 아픔과 방황을 겪기도 하는 것 같다.

실제로 많은 연구에서 건강한 형제자매를 둔 아이들보다 몸이 약하거나 장애가 있는 형제자매를 둔 아이들이 정서적 어려움을 많이 겪고, 자존감이 낮고 또래 관계에도 어려움을 겪는다고 보고한다. 이 아이들이 타인에 대한 공감이나 이타심, 책임감이 높은 경향이 있다는 연구 결과도 있는데, 그 부분을 잘 살릴 수 있으려면 자신의 감정과 생각을 부모나 다른 사람들과 좀 더 원활하게 나눌 수 있어야 한다. 그렇게 되려면 아이의 말에 귀를 기울여주고 반응해주어야 한다. 자주 길게 시간을 내지 못하더라도 아이와 둘이서 눈을 마주하며 함께하는 시간을 확보해야 한다.

개별적인 존재로 인정받는 질적인 시간이 필요한 것이다. 평범한 아이 시기에 받아야 하는 관심과 돌봄을 챙겨줘야 한다. 또한 아이에게 돌봄의 책임을 떠넘기지 말아야 한다. 그렇지 않아도 이 아이들은 형제자매에 대한 책임감을 무겁게 느끼고 있다. 부모나 교사, 어른들이 아이에게 "너라도 잘해야지.", "네가 잘 돌봐야지."라며 건네는 말은 굉장한 압박과 부담이 된다. 아이가 아이답게 행동할 수 있음을 받아들여야 한다. 지나치게 빠르게 '어른'이 됨을 기뻐하지 말아야 한다.

사람은 누구나 '아야선'을 가지고 있다. 날 선 종이에 손을 베였을 때 "아야!" 하며 손을 얼른 빼서 입에 넣고 호호거리듯이 우리는 아플 때 아프다고 반응하며 자신을 다독거리고 보호할 줄 안다. 그런데 자신의 감정을 참고 감추는 일이 많아지다 보면 이 자연스럽고 당연한 반응 경계선이 희미해져버린다. 아야선은 자신을 보호하고 자신을 사랑한다는 외침이고 다짐이라 할 수 있는데, 이 선이 침범받으면 자신을 사랑하는 게 어려워진다. 우리 아이들이 "난 이럴 때 아파요."라고 표현할 수 있는 사람으로 성장하길 바란다.

"그냥요."에 담긴 의미

"학교 다니기 싫어, 나 자퇴할래." 어느 날 아이가 말했다. 이유를 묻자 "아, 그냥, 싫어."라고 한다. 아이는 막무가내로 고집을 부렸다. 당황한 엄마는 일단 학교에서 허락을 받아 오라며 문제를 미뤘다.

이렇게 해서 아이는 상담실까지 오게 됐다. 아이는 "공부가 성공을 보장하는 것도 아니다." "꿈이 작가인데 학교 다니면서 글을 쓰려니 시간이 부족하다." "좀 더 나를 알아 가는 시간을 갖고 싶다."고 말했다. 이야기를 나눈 뒤 자퇴를 원하는 또 다른 이유가 있는지 물었다. 아이는 그제야 '대인 관계 문제'를 털어놨다.

2017년 교육 기본 통계(매년 4월 1일을 기준으로 전국 유·초·중·고, 고등교육기관, 교육청 등 교육 행정 기관을 대상으로 조사하여 8~9월에 발표한다) 주요 내용을 보면, 2016학년도 전체 초·중·고생 약 588만 2천 명 중 2만 5천 명이 가정사와 학교 부적응 등의 이유로 학교를 떠났다. 200명 중 1명꼴로 부적응을 겪다 학교를 그만둔 셈이다.

"그냥요." 아이들이 이유를 답할 때 쉽게 하는 말이다. 이 말에 담긴 수많은 의미를 어떻게 읽어낼 수 있을까. 때로는 아이 자신조차 그 의미를 자각하지 못할 때가 있다. 그렇지만 아이가 생각지 못한 말이나 행동을 불쑥 할 때에는 나름의 이유가 있다. 아이 나름대로 꽤 오래 전전긍긍하며 속앓이를 해 왔을 것이다.

앞서 말한 아이가 원하는 건 뭘까? 학교를 그만두고 싶다는 건 겉으로 드러나는 요구다. 중요한 건 그 이면의 욕구와 감정이다. 그걸 제대로 살펴보지 않으면 아이가 진심으로 원하는 것을 놓치기 쉽다.

이 아이의 경우 지금까지 한 번도 친구 관계에 어려움이 없었다. 그런데 특별한 계기 없이 주변 아이들이 멀어지는 걸 느끼면서 학교 생활이 불편해졌다. '친구를 금세 사귀지 못하는 애는 문제가 있어'라고 생각했던 자신이 그런 상황에 놓이자 더 괴로웠다. 늘 친구들이 먼저 다가왔는데, 이제는 자신이 그들에게 들러붙어야 한다는 것도 자존심 상하는 일이었다. 노력해도 상황이 나아지지 않자 학교를 떠나고 싶어졌다.

아이는 '나는 괜찮고 문제없다'는 걸 확인하는 동시에 불편하고 괴로운 상황을 회피하고 싶었을지도 모른다. 그래서 더 뻣뻣

하게 굴며 자신이 먼저 거리를 두었을 수도 있다. 실제로 아이는 자주 지각하거나 아프다는 핑계로 조퇴나 결석을 하며 다른 아이들에게 부정적인 인상을 남겼다. 모둠 활동이나 수행평가 등 학급 활동에도 빠지다 보니 어느 순간 또래 집단에서 배제되어버렸다. 자신을 보호하려고 했던 행동이 도리어 상황을 악화시킨 경우다.

이런 아이를 도우려면 일단 "학교를 그만두고 싶다."는 말의 이면에 있는 '마음'을 들어줘야 한다. "많이 힘들었구나.", "학교를 그만두고 싶을 만큼 생활이 불편하고 만족스럽지 못한 부분이 있나 보구나."라는 식의 접근이 필요하다. 이렇게 마음을 어루만진 뒤 아이의 이야기를 구체적으로 듣고 상황을 파악해 적절히 개입하는 것이 바람직하다.

걱정스런 마음에 무조건 학교를 다녀야 한다고 윽박지르거나 설득하는 것은 효과가 없다. 고집을 피우고 나약해져 있는 아이에게 홧김에다도 "내 인생이니까 내 맘대로 해.", "나중에 후회해도 난 몰라.", "그것도 못하면 앞으로 뭘 제대로 하겠니?"라고 내뱉지 않아야 한다. 또 "힘내, 조금만 더 참자, 견디자."라고 하는 부모의 위로와 격려도 별 도움이 안 된다. 이런 말을 들으면 자신이 얼마나 힘든지 부모가 몰라주는 것 같다고 한다. 그럴 때는 "네가 힘들었겠다. 정말 고생했다."라며 인정해주는 것이 낫다.

어떤 아이들에게는 학교가 아닌 다른 선택이 더 도움이 될 수도 있다. 이 경우 학업 중단 숙려제를 이용해볼 수도 있다. 이 제도는 학업 중단 징후가 발견되거나 학업 중단 의사를 밝힌 학생 및 학부모에게 위(Wee)센터·클래스, 지역 청소년상담지원센터 등에서 외부 전문 상담을 받으며 2주 이상 숙려 기간을 갖도록 하는 제도다. 학업 중단 이후의 상황과 다양한 진로 정보, 학교 밖 프로그램 등에 대해 안내받을 수 있다.

환각 물질 손댄 아이

WWWW

잊히지 않는 아이가 있다. 그때 나는 아이가 보낸 '도와 달라' 는 신호를 정확히 알아차리지 못했다. 아이가 겪고 있는 위기의 신호들을 사춘기, 청소년기의 정서적인 징후로 쉽사리 판단하고 지나쳤던 것이다. "엄마한테 힘든 마음 얘기해도 엄마는 계속 사춘기래요. 난 아닌 것 같은데. 엄마는 말을 들어주지 않고 엄마 말만 해요." 그 아이가 한 말인데, 상담자인 나도 아이의 엄마와 별 차이가 없었다. 지금도 문제가 수면에 드러나기까지 아이가 혼자 겪었을 불안과 혼란이 내 마음에 무겁게 새겨져 있다.

여름방학을 보내고 상담실에 찾아온 중3 아이는 이렇게 말했다. "뭐가 힘든지는 모르겠는데, 그냥 엄청 힘들어요. 그냥 눈물이 나고, 죽고 싶어요." "너무 많이 어지럽고, 손발이 저리고, 토할 것 같고, 성격도 좀 난폭해지고, 제가 아닌 것같이 변해요. 눈도 풀리고. 기운이 없어요. 학교도 다니기 싫고, 집도 들어가기 싫어요. 친구하고 있을 때가 행복해요."

위기 상황이라 판단되어 다음날부터 며칠 연이어 상담을 하며 몸의 증상과 심리적 요인들에 대해 얘기를 나누었다. 어지럽고 울렁거리는 증상은 병원 진료와 타당한 설명이 있었기에 가족, 친구, 진학·성적 등 심리·정서적 스트레스에 좀 더 초점을 맞췄다. 그러다 추석 연휴, 중간고사, 학교 축제 기간이 이어지면서 어수선한 상황 속에서 아이를 놓쳐버렸다. 아이를 못 본 지 한 달 보름 만에 다시 만나게 되었을 때는 충격적인 상황이었다. '바니시' 흡입을 해서 발견된 상태였다.

도움을 요청하거나 상담을 하러 오는 사람들의 마음에는 보통 두 가지 면이 있다. 도움을 받아 고통과 문제에서 벗어나고자 하는 마음과 이대로 고통을 받고 문제 상황을 유지하고 싶은 마음이다. 변화를 원하면서도 변화에 대해 두려움과 불안을 느낀다. 문제 상황 때문에 고통을 받고 있긴 하지만 그동안 그 상황에 자기가 할 수 있는 최선의 방식으로 적응을 해온 것이다. 익숙한 고통이 한편으론 편하다. 그러니 그 안정감을 버리고 새로운 적응 과정을 선택하는 건 쉽지 않다. 이런 복잡한 마음이 있기 때문에 처음부터 쉽게 자신의 어려움을 펼쳐 보일 수가 없다.

어떻게 보면 사춘기에 진행되는 변화와 중독성 물질 사용의 징후들이 비슷하긴 하다. 예민하고 감정 기복이 심하다. 짜증과 화를 내는 경우가 잦다. 반항적이다. 무기력하다. 집에서 대화가 줄고, 새로운 친구들과 어울린다. 겹치는 징후들이다. 아이가 먼저 부모에게 고백하는 경우는 거의 없다. 그렇기 때문에 더 세심하게 살펴봐야 한다. 평소답지 않은 행동을 할 때는 언제든 주의해서 살펴봐야 한다. 또 물질 사용과 관련된 직접적인 징후들도 놓치면 안 된다. 식사와 수면에서 급격한 변화가 나타나거나 건강 상태의 변화, 눈의 충혈, 감기에 걸린 게 아닌데 나타나는 잦은 기침이나 코 훌쩍임, 특정한 냄새들, 둔한 몸놀림, 어눌한 말이나 헛소리, 알 수 없는 멍이나 다친 상처 등이 해당한다.

만약 자녀의 환각 물질 사용 사실을 알게 되었다면, 첫 반응이 아주 중요하다. "왜 했니?", "언제부터니?", "대체 몇 번째야?" 이런 질문으로 다그치는 것은 별 효과가 없다. "이번이 처음이다."라는 거짓말을 하게 된다. 열 번 했어도 "한 번밖에 안 했다."고 한다. 그보다는 "네가 그렇게 할 만한 이유가 있었을 거다. 그 이유가 어떤 건지 얘기해볼 수 있겠니?" 등이 더 좋다. '아이가 왜 그런 행동을 했을까'에 초점을 맞추고 들어주는 것이 아이의 욕구 불만을 줄여주는 데 효과적이다. 그리고 물질·약물 사용에 대한 교육과 지도를 적극적으로 해야 한다. 이때 전문 기관의 도움을 받을 수 있다. "다시는 안 할게요."라는 아이의 다짐을 믿고 기회를 더 줘야 하지 않을까 생각할 수도 있다. 대개는

현명하지 않은 결정이 될 가능성이 크다. 일단 본드나 바니시 등을 사용해봤다면 언제든 다시 시도할 수 있다. 치료나 개입의 과정에서 나타날 수 있는 아이의 문제 행동에 대해서 부모가 대신 변명이나 거짓말을 해줘서는 안 된다. 아무 문제가 없다는 듯이 가장하는 것도 도움이 안 된다. 문제가 있음을 인정하는 것부터 시작해야 한다.

아이들을 바라보는 눈이 중요하다. 문제아로 보기보다는 그 아이의 삶 속에서 건강하게 작동하고 있는 부분을 살펴야 한다. 또한 문제 행동 해결에만 초점을 맞추다 보면, 아이의 문제·약점에만 집착하게 되어 정작 아이를 놓치게 된다. 아이가 이루고 싶은 꿈은 뭔지, 잘할 수 있는 것은 뭔지, 어떤 삶을 살고 싶은지 등을 놓치지 않고 있어야 이 문제에서 더 쉽게 벗어날 수 있다.

평범해도, 무난해도 괜찮아

/\/\/\/\

"엄마, 나처럼 공부는 못하는데 날라리도 아닌 애들은 어떤 고등학교에 가야 하는 거야?" 지인이 중학생 아들이 말한 거라며 들려준 얘기다. 아, 정말 그런 생각을 할 수 있겠구나 싶었다. 공부를 잘하거나 특별한 재능이 있어 두각을 드러내는 것도 아니고, 특별히 문제를 일으키는 것도 아닌 아이. 평범한 이 아이들을 놓칠 때가 많다.

아이가 정말 하고 싶었던 말은 뭐였을까? "엄마, 나는 공부도 못하고 특별한 재능도 없고, 자신감도 없어. 이런 내가 앞으로 제대로 살 수 있을까? 아무것도 아닌 찌질한 사람으로 사는 거 아냐? 쓸모없는 그런 사람으로 살아서 뭐 해? 할 일도 아무것도 없고, 할 자신도 없는데 어떡하지? 이런데도 나 정말 괜찮은 사람 맞아?" 대충 이런 말은 아니었을까?

중학생이 되면 본격적으로 공부나 성적으로 평가를 받는다.

그 외의 것으로 제대로 된 인정을 받기는 참 어렵다. 부모도 아이가 80점대 중반, 'B' 정도의 성취도 수준을 받아 와도 힘들어하는 경우가 많다. 유년기에 다양한 경험을 쌓게 해줬고, 필요하다 싶은 사교육도 받게 했는데 빼어난 성과로 이어지지 않았다는 게 받아들여지지 않는 것이다. 절대 낮은 성적은 아니지만 '충분하지 않은' 성적이다. 모든 아이가 다 공부로, 시험 성적으로 1등을 할 수 없다는 걸 알면서도 포기하기 어렵다. 1등까지는 아니더라도 내 아이가 '잘하는' 수준이길 바란다.

지금 우리나라 교육 분위기에서는 무난하고 평범한 정도로는 자신이 중요한 사람임을, 있는 그대로도 괜찮은 사람임을 확인받기 어렵다. 그래서 아이들은 외롭고 슬프다. 있는 그대로의 모습으로 존재 가치를 인정받지 못하니 더 극단적인 행동도 쉽게 한다.

만약 내 아이가 공부를 잘하지도 못하고 특별한 재능이 있는지도 잘 모르겠다면, 성적으로 평가하는 줄서기에서 조금씩 벗어나고 있다면, 부모로서 반드시 챙길 것들이 있다.

무엇보다 사소한 행동 특성이나 태도, 성품에 관심을 두면 좋겠다. 남달리 잘하고 특별한 것만이 장점이 아니다. 또한 단점만 있는 사람은 없다. 장점을 찾아주는 연습이 필요하다. 상담·인성프로그램 가운데 '장점 찾기'가 있다. 사소한 거라도 누군가의 장점을 말로 표현해주는 거다. "우리 ○○이는 어릴 때부터 인형이나 중요한 물건에 이름을 잘 짓더라." "네가 써준 편지를 읽을 때마다 느끼는 건데 넌 네 마음을 참 잘 표현해." "친구들이 네 의견을 많이 묻는다고? 그건 네가 나름 공정하게 친구들 얘기를 잘 들어주니까 믿음이 가서 그런 거야." "너는 쿠폰을 받으려고 뭘 더 하고 그러지 않더라. 어떤 보상 때문이 아니라 네가 관심 있는 건 스스로 찾아서 배우던데? 스스로 뭘 좋아하는지 잘 아는 것도 중요한 재능이야." 등등.

꿈과 진로 찾기가 강조되는 요즘, 아이 입장에서 두각을 드러내는 분야가 없으면 위축되기 쉽다. 부모가 먼저 수많은 세상의 일과 활동이 공부나 성적 또는 특정 재능 순으로만 배정되지 않는다는 걸 기억하면 좋겠다.

그 많던 꿈은 다 어디로 갔을까?

〰〰〰

우리 집 둘째가 초등 5학년이었을 때, 막 사춘기에 들어서던 무렵의 일이다. 한동안 뮤지컬 배우가 되고 싶다고 굳은 의지를 보이더니 문득 "다른 사람들 앞에서 너무 많이 떨기도 하고, 자신이 없어. 나보다 더 잘하는 사람도 많고. 내가 할 수 있을까?"라며 의기소침해졌다. 그러다 그 다음날 꿈이 생겼다며 다시 밝아졌다. '게임 크리에이터'를 하겠다고 했다. 하고 싶은 일도 많고 되고 싶은 것도 여전히 많지만, 서서히 자신의 능력에 대해서 생각하기 시작한 것 같았다.

사춘기 무렵 아이들은 그동안 흥미 위주로 꿈꿔 왔던 자신의 장래 희망에 현실적인 잣대를 들이대기 시작한다. 자신의 능력에 대해서 한없이 열등감을 느끼기도 하고, 다른 사람과 비교하며 자신은 안 될 것 같다고 꿈을 접기도 한다. 그러다 보면 이래저래 할 만한 게 없다고 느끼고 꿈꾸는 것조차 못하게 된다. 실제로 아이들 가운데에는 '꿈이 없다, 포기했다'고 말하는 경우가 많다.

"되고 싶은 게 없어졌어요. 못할 것 같아서. 막막하니까······. 얼마 전까지만 해도 다 될 수 있을 것 같았는데, 다 막연해졌어요. 지금처럼 공부하다간 이도저도 안 될 것 같아서. 하고 싶은 게 늘 있었는데······." 아이들은 이렇게 말하며 무기력하게 있다. 하고 싶은 게 분명한 아이들도 부모님의 반대로 자신감이 꺾여 포기하기도 한다.

학교 아이들과 진로 탐색 프로그램을 종종 진행한다. 아이들과 함께 자기 꿈의 변천사를 하나씩 떠올리며 자신이 흥미를 느꼈던 꿈들과 그 꿈들을 흘려보내게 된 이유들을 정리해보곤 한다. 그런 과정에서 아이들은 '내가 이렇게 꿈이 많았구나' 하며 재미있어한다. 순간 멋져 보여서, 근사해서 원했던 꿈들도 있고, 좋은 사람이 되고 싶은 마음에 꿈꿨던 것도 꽤 많았다. 그런데 그런 꿈들을 접게 된 데는 여러 이유가 있었다. 자연스럽게 흥미가 사라진 탓도 있겠지만 주변 어른들이 "쓸데없는 그런 거 하지 말아라.", "그거 하려면 공부 잘해야 해. 성적이나 올려.", "그런 건 돈 못 벌어." 따위 말로 꿈을 미리 꺾어놓는 경우도 많다.

중학생이 될 때까지 4~5개 이상의 꿈들은 쉽게 말할 수 있었던 아이들이었다. 그 꿈 많고 발랄했던 아이들이 꿈을 잃어버리고서 "하고 싶은 게 없어요."라고 말하는 것을 그대로 받아들이면 안 된다. 이 아이들이 정말 말하고 싶은 것은 '하고 싶은 게 있지만, 난 할 수가 없어요. 난 안 돼요. 공부를 못해서, 재능이 없어서, 돈이 없어서.'일 수도 있다.

어린 시절 뭐든 할 수 있을 거라고 생각하면서 품었던 꿈을 무가치하게 여겨서는 안 된다. 흥미만으로 진로를 결정할 수는 없지만 이 성장기의 환상들은 필요하다. 현실을 고려하지 않고 그저 되고 싶고, 하고 싶다는 이유만으로도 꿈꿀 수 있어야 한다. 이것이 영양분이 되어 아이들의 내면이 단단해질 것이다. 이 성장기, 환상기를 제대로 거쳤을 때 비로소 현실 세계를 고려해 자신의 꿈과 진로를 탐색하고 시험해보게 된다.

내 아이가 어떤 인생을 살아갈지 궁금하고 고민이 되는 건 당연하다. 부모로서 어떻게 도와줘야 할지 생각할 필요가 있지만, 몇 가지 주의해야 할 점이 있다. 우리 아이가 다른 아이에 비해 얼마나 잘하는지에 초점을 맞추지 않기. 아이가 지닌 다양한 능력 가운데 어떤 것이 다른 것에 비해 나은가를 봐야 할 것이다. '얼마나'가 아니라 '무엇'이 중요하다. 또 내 꿈을 이루듯이 아이의 꿈을 다루어서는 안 된다. 아이가 나와 다를 수 있음을 인정해야 한다. 그리고 아이를 돕고자 한다면, 부모가 조바심을 내지 말아야 한다. 일찍부터 모든 것을 준비하고 결정해야 더 안전하고 좋은 진로를 찾을 수 있다고 생각하지만, 그렇지 않다. 아이가 지속적으로 자신의 생활 경험에서 꿈과 그 실현 방법들을 탐색하고 선택해볼 수 있게 하는 것이 중요하다.

만약 아이가 꿈꾸는 것에 동의할 수 없는 경우, 무작정 거부하는 태도를 취한다면 아이와 담을 쌓게 된다. 아이는 부모와 더는 의논하지 않을 것이다. 그런 식으로 아이의 삶에서 밀려나는 걸 원하지 않는다면, 우선 아이가 꿈꾸는 것을 진지하게 들어줘야 한다. 무시하는 식이어서는 안 된다. 때로는 치열하게 얘기를 주고받아야 한다. 설명은 해주되 대신 선택해주어서는 안 된다. 노력은 많이 하는데 능력이 부족한 경우라면, 이 아이에게는 잘하고 있다는 격려를 많이 해줘야 한다. 능력은 있으나 노력하지 않는 아이라면, 아이가 숨기고 있는 열등감이나 스스로 자신감 부족을 느끼는 부분이 있는지 확인해야 한다. 밖에서 보는 것과 달리 어느 지점에서 좌절하거나 자신의 기대치, 목표치에 도달하지 못한 부분이 있을 것이다. 그런 부분을 파악해서 해소해 나가야만 자신의 에너지를 제대로 쓸 수 있게 된다.

진로는 꽤 긴 과정을 거치며 결정된다. 청소년기 꿈이 여러 번 바뀌는 건 당연한 일이다. 불안해하지 말자. 분명한 것은 이전의 선택과 결정들이 하나둘 모여 지금의 결정에 영향을 끼친다는 것이다.

'비교', 마음에 내는 생채기

\\\\\\\\\\\\

초등학교 6학년 때의 나는 폭풍 성장을 거의 끝낸 상태였다. 그 당시 키가 지금 키와 같았으니 제법 성숙한 언니 느낌이 났다. 그 경험 때문인지, 여태까지 나는 키가 작아 불편했던 적은 있지만 그로 인한 열등감이나 스트레스는 없었다. 손이 못생겨서 신경 쓰이던 기억은 있다. 담임 선생님이 손톱 검사를 할 때마다 못생긴 손을 어떻게 하면 덜 노출할까 전전긍긍했다. 사실 담임 선생님은 내 손이 예쁜지 안 예쁜지 전혀 관심 없었을 텐데…….

학교 아이들과 '비교하지 않기'라는 주제로 자신의 약점을 수용하고 다른 사람들 앞에서 당당하게 외쳐보는 활동을 해본 적이 있다. 한 개그 프로그램에서 인기를 얻었던 '네 가지'라는 코너를 활용했다.

"세상은 왜 조용한 사람을 싫어하는가? 그래, 나 조용하다. 사람들은 항상 나한테 말해. '너 왜 그렇게 조용하니? 친구한테 먼저 말도 걸어보고, 인사도 해봐.' 나도 알아, 나도 그러고 싶다고. 물론 무슨 말을 해야 할지 모르겠고 괜히 말 걸었다가 씹힐까 봐 망설인 적이 많아. 그래도 시간이 좀 많이 걸려서 그렇지, 나도 친해지고 나면 시끄럽고 말 많다. 그러니까 오해하지 마라~. 나 마음만은 분위기 메이커 수다맨이다."

이렇게 각자 자신의 단점을 인정하면서도 그걸 문제라고 단정하는 사람들에게 억울함을 호소하고 당당한 반전을 끌어내는 스토리가 시원하고 유쾌했다.

한 아이도 '네 가지'를 차용해서 이런 속내를 드러냈다. 조용조용 발표했는데 아이들에게 우레와 같은 박수를 받았다. 아이들은 저마다 자신의 약점을 갖고 대본을 썼는데, 눈이 작다, 키가 작다, 못생겼다, 뚱뚱하다, 여드름 많다, 공부 못한다, 이마가 넓다, 시력이 나쁘다 등의 얘기를 많이 했다. 자기 얘기를 하면서 쑥스러워하기도 하고 열렬하게 항변하며 즐거워하기도 했다. 한 아이는 대본을 읽다가 울기에서 말을 잇지 못했다. 그 광경에 웃음으로 어색해진 분위기를 전환하려는 아이들도 있었지만, 안타까워하며 위로가 섞인 탄식의 "아~" 소리를 내거나, "괜찮아." 또는 "누가 그래?" 하면서 적극적으로 격려하는 아이들도 있었다. "그래, 나 뚱뚱하다."는 말에 듣던 아이가 "야~ 말도 안 돼, 네가 뭐 뚱뚱하냐?"라고도 했다. 실제로 발표하는 아이는 뚱뚱해 보이지 않았다. 아이들은 다른 아이들의 얘기를 들으면서 각자 고민이 있었구나 하며 동질감을 느끼는 것 같았다.

'비교당하기'는 상처를 많이 남긴다. 더 큰 문제는 부모님, 선생님, 친구가 비교하지 않아도 어느 순간부터는 스스로 자신을 남과 비교한다는 것이다.

"가장 좋은 친구는 나"라는 말이 있다. 나 자신과 가장 좋은 친구가 되려면 남과 비교하는 자신을 따뜻하게 감싸 안으며 다독여줘야 한다. 누군가가 나를 꼬옥 껴안아주면 참 좋겠지만, 사정이 여의치 않다면 내 두 팔로 나를 안아주며 토닥여주는 것도 좋다.

플레잉 코치 부모

〫〫〫〫〫

'아버지와 나는'이라고 시작하는 문장의 뒷부분을 완성해야 한다면, 나는 무슨 말을 쓸까? 우리 아이는 어떻게 완성할까?

예전에 상담했던 중1 아이는 이 문장의 뒷부분에 "스승과 제자 사이다."라고 썼다. 아버지가 시험 성적을 본 뒤 "학교 교육이 소용없다, 학습 능력도 안 되고, 학교나 교우 관계에서 안 좋은 것만 배우니 학교는 안 되겠다."며 아이를 학교에 며칠째 보내지 않는 상황이었다. 아버지는 아이를 두고 '학습 과정에 부적응인데'라고 믿었다. 또 "다섯에 것이 있고, 제요거이지 못하고, 계획 세우고 그것을 실천하지 못하는 게 문제"라고 했다. 초등학교 때부터 영어를 직접 지도했고, "나머지는 교과서만 공부하면 된다."며 아이 스스로 하게 했다. 학습 이외의 생활에도 굉장히 엄격하게 개입을 하는 편이라 아이는 또래 놀이 문화와도 차단되어 있었다. 그런 아이가 사춘기 중학생이 되면서 말도 덜 듣고, 틈만 나면 놀고 싶어 하자 학교 생활이 아이한테 도움이 안 된다고 여긴 것이다.

이 정도까지는 아니더라도 아이가 제대로 공부를 하지 않는다며 "그럴 거면 학교 다니지 마!"라고 말하는 부모들을 간간이 본다. 실제로 아침 등교 시간에 교복도 못 챙겨 입고 학교로 도망나온 학생도 있었다.

어려운 가정 형편 속에서 부모나 주변의 큰 도움 없이 자신의 노력으로 진학·취업을 한 '자수성가형' 부모들은 자녀를 불만족스러워 하는 경우가 많다. 자신들의 기준에서 보면 풍요로운 혜택을 받으면서도 공부하지 않고 다른 불만을 앞세우는 아이들이 이해가 안 된다. 자신들은 결과보다는 하겠다는 의지를 더 중요하게 생각하는데, 아이가 하는 척만 하고 건성이라는 것이다. "옛날에는 없어서 못 했죠. 이렇게 다 갖춰져 있는데, 공부만 하면 되는데, 그 공부 하나를 제대로 못 하는지 모르겠습니다." 이들은 이렇게 말하며 답답해한다. 아이의 모습이 게으르고 한심해 보이는 것이다. 그래서 '그런 흐리멍덩한 정신 상태'를 깨기 위한 극약 처방으로 학교를 가지 못하게 한다. 그 과정에서 아이를 다그치는 모난 말도 쏟아낸다. 이렇게까지 하는 부모의 마음속에는 '집에서 네 행동을 반성하고 정신 차려라. 마음에 상처가 좀 남아도 더 잘되면 그게 남는 거다. 강하게 대해야 정신 차린다.'

는 생각이 있다.

아이에게 많은 것을 바라지 않는다고 여기지만, 그건 부모의 주관적인 생각이다. 아이들 입장에서는 그 공부 하나가 너무나 어렵다. "왜 해야 하는지 모르겠어요. 하고 싶은 게 따로 있어요. 너무 어려워요. 지쳤어요." 아이들이 하는 이런 말을 건성으로 들어선 안 된다. 아이들도 잘하고 싶은 마음이 있다. 어쩌면 아이를 잘 돕는다고 했던 것들이 아이를 약하게 만든 것은 아닐까.

이렇게 자신이 살아온 시절의 경험을 기준으로 삼는 부모는 자기 방식이 가장 옳다고 여기며 매사 통제하고 지시하는 경우가 많다. 아이는 그런 부모 앞에서 위축되고 기가 죽는다. 불안과 긴장이 심해서 공부를 비롯해 성과를 내기 어렵다. 해야 하는 과제에 에너지를 쓸 여유가 없는 것이다. 또 부모의 높은 기준에 다다를 수 없다고 여겨 무력감을 느끼고 자신을 가치 없는 존재로 여기기도 한다. 무엇을 좋아하고 무엇을 잘할 수 있는지 자신 있게 말할 수 없게 된다. 이렇게 되면 자신이 미래를 제대로 설계하지 못하는 것은 자연스러운 수순이다. 부모는 아이가 자신만큼, 또는 자신보다 더 성공적인 삶을 만들어 가길 바라겠지만, 아이의 세상이 부모의 기대와 바람대로 돌아가진 않는다. 도리어 부모의 의도와는 달리 자신감을 잃고 혼자 힘으로는 아무것도 하지 못하는 책임감 없는 사람으로 자라기 쉽다. 그리고 부모에 대한 분노와 반항심이 커져서 더 엇나가는 경우도 있다.

부모에 대한 표현 중에 '플레잉 코치'라는 것을 본 적이 있다. 선수 겸 코치. 아이가 자신의 발달 과업을 달성하려고 애쓰는 과정에 부모 또한 선수로 직접 뛰며 지도하고 가르친다는 것이다. 아이와 함께하는 모습이 좋게 보일 수도 있지만, 아이의 주도성이나 자율성 발달에 방해가 되기 쉽다. 플레잉 코치 구실을 하는 부모는 개인적 역량이 뛰어난 경우가 많기 때문에 자기 방식을 아이에게 강요하기 쉽고 기대 수준이 높기 마련이다. 부모 자신이 그린 설계도가 아니더라도 아이만의 방식으로 행복할 수 있음을 믿어야 한다. 아이가 자신의 삶을 살아가도록 응원해주는 것이 더 나은 선배이며 코치가 아닐까.

사춘기 아이와 '잘' 싸우는 법

〰〰〰

어느새 우리 집 둘째도 내 키를 한 뼘이나 넘어버렸다. 어쩌다 서로 껴안으려면 내가 아이 품에 안기거나 아이가 매너 다리를 해줘야 한다. 그래서인지 요즘은 내 말이나 마음이 아이한테 덜 다가가는 느낌이 들 때가 있다. 낯선 반응에 아이에게 어떻게 다가서야 할지 모르겠다 싶을 때도 많다. 어떨 때는 아이한테 "네 마음을 상하게 해서, 네 말을 좀 더 잘 들어주지 못해서 엄마가 미안하다."는 말을 하기도 하고, 어떨 때는 반대로 "아까 엄마한테 심하게 굴어서 미안해."라는 사과를 듣고 싶다.

학교 아이들이나 학부모들로부터도 엄마랑 또는 아이와 냉전 중이라는 얘길 간간이 듣는다. 특별히 큰일로 싸우는 것도 아니다. 우리 집도 그 아이들 집도 일상의 소소한 일로 서로 말을 주고받다 감정이 상해서 입을 닫게 되는 거다. 화가 나도 어떻게 표현해야 할지 모르겠고 어떻게 개입해야 할지 판단이 어렵다.

아이와 언성을 높여 충돌하고 나서 어색하고 불편할 때 어떻게 풀면 좋을까. 부모의 실수나 잘못을 인정하고 먼저 미안하다고 말하는 게 맞다. 아이의 실수나 잘못에는 불같이 화를 내면서 부모 자신의 잘못은 그냥 조용히 넘어가거나 남 탓을 하는 것은 아이 마음에 반항심을 심는 행동이다. 부모의 사과는 아이가 자신의 감정과 존재를 인정받는 경험이다. 이런 경험을 바탕 삼아 아이는 자신의 실수나 잘못도 인정할 수 있고 타인의 실수나 잘못에도 너그럽게 된다.

그런데 부모의 '미안하다'가 먹히지 않는 경우도 종종 생긴다. 엄마는 미안하다고 말하면 다 해결되는 것처럼 생각한다고, 자기 마음은 아직 풀리지도 않았는데 그런다고.

이럴 때는 몇 가지 점검할 것이 있다. 너무 잦은 사과가 문제일 수도 있다. 그렇다면 그 사과가 진심인지 의심이 갈 수 있다. 또는 사과의 내용이 부실할 수도 있다. 무엇이 미안한지 밝히고 이후에 어떻게 하겠다는 개선 의지를 보여줘야 한다. 더 중요한 것은 아이가 자신의 상황과 감정을 충분히 얘기할 수 있도록 시간을 내주고 들어줘야 한다는 점이다.

부모가 사과하면 아이는 더 격앙된 감정을 쏟아낼 수 있다. 남아 있는 감정까지 모두 풀어내야 아이는 자신이 받아들여졌다고 느낄 수 있다.

이렇게 듣는 태도 자체가 사과의 시작이라는 걸 아는 부모는 많다. 하지만 아이 감정이 풀릴 때까지 들어주기는 쉽지 않다. 바쁘고 피곤하다 보니 가장 중요하고 가까운 대상인 자녀를 의외로 우선순위에서 미뤄 두는 경우도 많다. 뭐가 더 중요한가를 자주 환기하는 수밖에 없다. 또 한편으론 아이를 너무 오냐오냐 받드는 것은 아닌지, 부모로서 권위 없고 만만한 대상이 되면 어쩌나 싶어 "미안해."라는 말을 주저하기도 한다. 크게 걱정할 일은 아니다. 부모의 진정한 사과는 아이를 따뜻하고 용기 있는 사람이 되도록 해줄 것이다.

사실, 사춘기 아이와 충돌하는 상황이 벌어졌을 때 부모가 아이의 낯선 '미친 눈빛'과 날카로운 말에 놀라고 상처받는 경우가 많다. 얼마 전 상담했던 한 엄마도 엄격하지만 친구같이 키운 아이가 '왜 저래' 하는 불량하고 낯선 눈빛으로 바라봤을 때 당혹스럽고 무서웠다고 한다. 자신이 알던 아이의 모습이 아니란다. 귀가 시간이 늦어지고, 친구 집에서 잔다며 자꾸 외박하려 들고, 위험해서 하지 않았으면 하는 행동을 거짓말까지 보태 가며 하는 아이를 혼내고 달래기도 했지만, 일탈은 더 심해지고 아이와 사이도 점점 더 멀어지고 있다고 했다.

사춘기가 되면서 아이들의 시선은 외부로 확장되고 도전적인

빛을 띤다. 이 시기 아이들은 속내를 알기 어렵다. 또 부모의 말이나 행동을 부정적으로 해석하기 일쑤다. 그런 상황을 겪다 보면 부모 또한 그동안 아이를 위해 애썼던 것들이 다 소용없는 것 같아 상실감과 억울함, 분노가 생기기 쉽다.

사춘기 아이들의 행동에 정도의 차이는 있다. 심하게 병리적인 행동은 직접적이고 분명한 원인을 찾기 어려울 수 있다. 기질적인 요인이 있을 수도 있고 다른 요인들이 복합적으로 작용한 것일 수도 있다. 그러나 일상에서 흔히 볼 수 있는 정도의 반항적이고 부정적인 행동은 대개 아이 마음에 채워지지 않은 부분에서 원인을 찾을 수 있다. 부모가 무심코 한 어떤 말이나 행동이 아이 마음에 남아 있을 수 있다. 학교 생활, 친구 관계나 학업과 관련해 상처나 마음앓이가 있을 수도 있다. 부모나 제3자가 보기에 타당하든 타당하지 않든 아이에게는 숨 막히는 고통이 될 수 있다.

가정과 부모에게서 더 벗어나지 않도록 격한 말이나 행동은 조심하자. "너 그럴 거면 나가.", "네 맘대로 해, 너 포기했어."라는 식의 말, 아이를 때리거나 아이의 물건을 부수는 행동은 안 된다. 거친 말이나 행동은 아이에게 엇나갈 구실을 준다. 화가 나서 뛰쳐나가게 되면 장기 가출이나 장기 결석으로 이어질 가능성이 크다. '집 나가면 고생이다, 돈 떨어지면 들어오겠지.' 생각하면 곤란하다. 요즘은 아이들이 밖에서 꽤 오래 버틸 수 있다.

그 과정에서 위험한 상황에 처하기 쉽다.

그러면 아이의 요구나 행동은 어디까지 들어줘야 할까? 사춘기의 단순한 삐뚤어짐이라면 너그럽게 넘기는 게 필요하지만, 정도를 넘는 행동에는 단호한 태도가 필요하다. 예를 들면, 친구끼리 욕을 쓰는 것과 부모에게 욕을 내뱉는 것, 문을 쾅 닫고 들어가는 것과 문을 부수는 것은 다르게 보아야 한다. 후자의 경우에는 단호한 태도로 적절히 개입해야 한다. 부모가 아이에게 바라는 것을 분명히 말하고 실행해야 한다. 물론 그것이 너무 엄격해서 아이가 집으로 들어오는 것을 차단해서는 안 된다. 또 하나 중요한 건 부모가 아이를 제대로 돌보지 못했고, 건강한 관계 맺기가 안 됐다면 속죄하는 마음으로 아이의 방황을 수용하고 상처가 나아지기를 기다려야 한다.

적대적인 아이의 모습이 다가 아님을 잊지 말아야 한다. 분명 그 순간 부모를 가장 무시하고 싫어하는 것처럼 보이더라도 이면에는 여전히 사랑받고 싶어 하는 어린 마음이 있다. 그렇기만 아이들은 갈등 상황에서는 자신의 마음을 절대 인정하지 않는다. 그러니 상처와 서운함으로 받아들이지 않으면 좋겠다.

용돈 고민

〜〜〜〜

'국민학교' 시절 학교가 끝나고 친구들과 군것질을 하며 귀가 하던 기억이 있다. 100원으로 '마이쮸' 같은 소프트 캔디류 하나 와 핫도그나 어묵 튀김 하나를 살 수 있었다. 당시 정기적으로 용돈을 받지는 않았다. 필요한 준비물이 있을 때나 부모님이 여 유가 생길 때 얼마씩 주시는 돈을 비정기적으로 받아 썼다. 그러 다 보니 계획을 세워 돈을 써본 적이 없었다.

우리 집 아이들에게도 경제 관념이나 용돈 관리를 따로 가르 치진 못했다. 어릴 때는 친척들이나 지인들에게 받은 용돈을 아 이들 이름의 통장에 넣어줬다. 어느 때부턴가 아이들이 "내 돈 다 쓰는 거 아냐?"라고 의심의 눈초리를 보였다. 통장을 보여주 며 좀 더 크면 그 돈을 네가 알아서 사용하도록 해줄 거라고 약 속했다. 그때부터 용돈을 주기 시작했다.

용돈을 줄 때는 그 의미를 부모가 먼저 아는 게 필요하다. 정기적으로 용돈을 준다는 것은 아이들에게 선택할 수 있는 자유를 인정해주는 것이다. 즉, 자신이 원하는 것을 사고, 하고 싶은 것을 할 수 있는 경제적 여유를 주는 것이다.

이런 기준으로 생각해본다면 용돈은 언제부터 주는 게 좋을지, 또 얼마나 주는 게 적당할지에 대한 답은 그리 어렵지 않게 나온다. 사실 정답은 없다. 각 가정의 경제 형편과 부모가 중요하게 생각하는 것에 따라 규칙을 정하면 된다. 일단 용돈을 줘도 되는 시기는 아이가 돈을 달라고 요구하고, 그 돈을 간수할 수 있을 때라고 한다. 대개 아이들의 사회 생활이 본격적으로 시작되는 초등 저학년 무렵이다.

용돈 금액을 정할 때는 아이에게 용돈이 필요한 영역과 액수를 생각해보게 하고 같이 정해야 한다. 우리 집 경제 사정에 따라 금액이 바뀔 수 있다는 사실도 알려줘야 한다. 용돈으로 충당할 수 있는 일의 범위를 정할 때도 교통비, 간식비, 준비물 구입비, 문화비 등에서 어떤 것을 포함할지 의논해야 한다. 우리 집의 경우, 교통카드 충전비나 정기적인 준비물 사는 돈은 따로 주다 보니 매달 한 번 주는 용돈 금액은 많지 않다. 처음 얼마간은 일주일에 한 번씩 줬는데, 아이 생활 패턴이 그리 소비 지향적이지 않았다. 그래서 매달 한 번 주는 것으로 바꿨고 큰 무리가 없었다.

용돈은 자유롭게 쓸 수 있도록 허용해야 하지만 책임을 느끼게 하는 것도 필요하다. 특히 사춘기 때는 사고 싶은 것도 많고 액수도 커지기 때문에 부모와 자녀 사이에 갈등이 일어나기 쉽다. 하루에 다 썼다면 그다음 용돈이 충전될 때까지 기다리도록 해야 한다. 자동 충전은 금물이다.

용돈을 주는 것도, 관리하는 것도 부모의 의무이며 책임이다. 처음부터 "네가 알아서 관리해."라고 하는 것은 방임이나 마찬가지다. 다른 영역과 마찬가지로 관리하는 능력을 키워줘야 한다. 이때도 중요한 것은 부모의 지도다. 명확한 제한선과 그 선을 넘었을 때 생기는 결과에 대해 분명하게 알려줘야 한다.

사과하는 법도 부모에게 배운다

〰〰〰〰

'갈등'이라는 말을 들으면 생각나는 것은? 학교 아이들은 '짜증, 다툼, 뒷담화, 이간질, 오해, 해결, 화해, 사과, 학교, 가족, 친구, 카톡, 욕, 왕따, 자존심, 무시, 고민, 공부, 슬픔, 눈물, 조심, 스트레스, 화풀이, 다이어트, 옷, 화장, 결정장애, 치킨' 등 꽤 다양한 생각들을 떠올렸다.

학교 생활에서 갈등이 극대화되는 장면들이 있다. 조별 수행평가를 할 때, 교내 합창대회 같은 학급 단위 큰 행사를 준비할 때가 대표적이다. 이 일들은 협력이 필요하지만, 각자 원하는 바가 다르고 또 그 끝에는 상이나 점수가 있다 보니 그 과정이 마냥 원만할 수 없다. 언쟁이나 무시, 때로는 따돌림이 발생하기도 한다. 또 개인간 갈등으로 끝나지 않고, 다른 구성원들도 함께 엮이면서 전체 교실 분위기에 영향을 끼치기도 한다.

학급 단위로 갈등 상황에서 해결 방법을 찾는 활동을 해보면,

아이들은 꽤 좋은 해답들을 이미 잘 알고 있다. '서로의 상황 이해해보기', '화해할 수 있는 자리 마련하기', '바쁜 아이에게 덜 중요한 역할 맡기기', '단톡방 만들어 연습한 거 녹음해서 올리기', '연습 시간에 잡담하고 노는 경우 벌금 내기' 등. 그런데 "너희 반에 이런 일이 생긴다면 정말 그렇게 할 수 있니?"라고 물어보면, "에이~ 그거 안 돼요. 아예 걔를 빼버리거나 걔가 학원 가는 거 포기해야 해요."라고 단호하게 말한다. 만족할 수 있는 방법을 머리로는 알고 있는데, 실제로는 잘 안 되는 거다.

갈등 상황에서 아이들이 가장 쉽게 보이는 태도는 '공격'이나 '회피'다. 자신의 욕구 만족을 우선하는 방식인 '공격'은 상대를 때리거나 욕·막말·뒷담화 등으로 나타난다. 공격을 택하는 아이들은 기본적으로는 가정에서 체벌 같은 공격적인 반응을 경험해 왔거나 공격적 행동이 허용됐을 가능성이 크다. 그 결과 기분이 나쁠 때나 갈등을 해결하는 방식으로 '공격'을 선택하게 된다. '회피'는 자신의 욕구를 돌보지 못하는 방식이다. 친구가 자신을 함부로 대해도 적절하게 대응을 못 한다. 이런 아이들이 갈등을 해결하는 방식은 괴로움을 잊기 위해 게임이나 다른 것에 몰두하는 식으로 당면 과제를 외면하는 것이다. 자신의 고통이 정당한 것으로 인정받지 못했거나, 위로보다는 비난을 받고, 참는 것을 강요받았을 가능성이 크다. 또는 과잉보호로 인해 받는 데만 익숙하고 방어력이 약한 채 미성숙한 상태인 경우도 있다.

아이들이 갈등 상황을 해결하기 위해 서로 협력하려면 상대 입장에서 볼 수 있어야 한다. 상대가 나와 다르지 않은 동등한 존재라는 것, '상대 마음이 이럴 수 있겠구나' 하는 것을 알게 되면 서로가 힘을 얻는 방식으로 갈등 상황을 해결할 수 있다. 입장 바꿔 생각해볼 수 있게 하는 동영상이나 역할극을 활용해도 좋다. 각자 '공격'과 '회피'의 역할을 맡아 체험하다 보면 상대의 입장을 더 잘 알게 된다.

"제가 잘못한 건 맞는데, 사정을 말했는데도 거짓말이라고 하고, 뭐라고 말해도 안 믿어줘요." 상담실에 온 아이는 내내 울면서 교실에 못 들어가겠다고 했다. 내일부터 학교를 안 오겠다고도 했다.

이 아이는 조별 활동 수행평가를 앞두고 조퇴와 결석으로 사나흘 연락 두절 상태에 있었다. 아이의 해명을 납득할 수 없었던 친구들은 "왜 연락을 안 받냐, 왜 그렇게 책임감이 없냐, 왜 맨날 무임승차하려고 하느냐."며 따졌다. 아이는 자기 딴에는 정말 중요하고 힘든 상황에 처해 있었는데, 게다가 수행평가도 결국엔 그 애들이 자기를 빼고 과제를 제출해서 점수까지 잘 받아놓고 자꾸 뭐라고 한다며 억울해했다. 그런데 상대 아이들 얘기를 들어보니 이런 일이 한두 번이 아니었다. 앞으로도 수행평가가 더 있는데 이 친구 때문에 또 스트레스를 받는 게 싫고, 왜 연락이 안 됐나 솔직하게 얘기를 듣고 싶어 했다.

이 아이가 적절하게 행동하지 못한 건 사실이다. 며칠 동안 문자나 카톡으로 연락을 하지 못할 상황은 아니었으니까. 솔직한 얘기를 듣게 되면 상대 아이들 마음은 정말 편안해질까? 이 아이의 무책임한 행동이 적나라하게 드러나면 그에 대한 화를 제대로 내고 싶은 건 아닐까?

사춘기 아이들 마음을 객관적으로 이해하려 해선 안 된다. 심리적이고 주관적인 접근을 해야 이런 아이들 행동을 이해할 수 있다. 보통 이런 상황은 다른 욕구가 앞서서 해야 할 일을 미루다 일어난다. 물론 게을러서 그럴 수도 있다. 또는 그 일을 해낼 능력이 안 돼 미루는 것처럼 보일 수도 있다. 어디에 해당하든지 간에, 상대 아이들이 원하는 방식대로 솔직하게 말하기는 어렵다. 자기가 맡은 일을 안 하긴 했지만, 막상 마주해야 하는 상황이 되면 상대방 반응이 두려워진다. 또 그런 상황에 처한 것 자체가 창피하다. 이런 마음으로 상대방에게 상황을 해명하다 보면 잘못에 대한 진심 어린 사과가 빠지기 쉽다. 특히 상대 아이들은 제대로 사과를 받지 못했다고 느껴 오히려 화만 더 낼 수 있다. 그러다 보면 아이는 자기가 공격받고 있다고 느껴 도리어 억울함을 호소하게 된다.

사과를 제대로 하는 방법도 가르쳐줘야 한다. 자기 딴에는 '미안하다, 내 잘못이다'라는 마음을 전달했다고 여기고 상대가 사과를 받아주지 않았다고 생각하기 쉬운데, 정확하게 표현하는 법도 배워야 한다. '내가 미안해하는 걸 당연히 알겠지' 하면서 그냥 넘어가면 안 된다. 어색하더라도 성의 있게 말해야 한다.

사과할 때는 사과만 하게 하자. 변명이나 상황 설명을 늘어놓다 보면 상대는 더 화가 난다. 자신의 어떤 행동이 잘못인지를 구체적으로 이야기하는 것도 중요하다. 미안한 마음을 전달할 때, 나의 행동 때문에 속상했을 상대의 마음을 충분히 알아주면 상한 마음이 더 쉽게 풀릴 수 있다.

아이들이 자기 행동을 반성하고 잘못을 사과할 줄 아는 사람으로 성장하는 데는 부모 영향이 크다. 부모 자신도 아이에게 진솔하게 사과할 줄 알고, 아이도 자신의 잘못을 부모에게 사과할 수 있는 분위기가 만들어져야 한다.

아이 마음의 주파수 찾는 법

WWWW

"우리 집은 별 문제가 없어요. 부부 사이도 좋고요. 아이한테 관심도 많은데 뭐가 문제인지 모르겠어요. 아이가 왜 이러는지 이해가 안 가요."

이렇게 말하는 부모들이 종종 있다. '사랑을 너무 많이 줘서 그런가?' 또는 '엄격하게 키워서 그런가?' 하며 이유를 찾으려고 애를 쓴다. 물론 아이 성격이나 행동이나 태도에 영향을 많이 준 요인들을 쉽게 발견하는 경우도 있다. 그런데 어떨 때는 특별한 게 없어서 참 시원스럽지가 않다. 뭔가 이유가 분명하게 드러나면 그나마 어떻게 대처할 수 있을 것 같은데 말이다.

예상치 않은 장면에서 아이가 화를 내거나 입을 다물어버리면 참 당황스럽다. 아이 마음이나 행동이 이해가 안 되기도 하고, 좀처럼 마음을 풀지 않고 밀쳐내는 아이에게 어떻게 말을 붙이고 다가가야 할지 모르겠다. 아이의 마음 주파수를 제대로 맞출 수 있는 방법은 뭘까?

우선 내가 아이의 얘기를 들을 준비가 됐는지 확인한다. 바쁘거나, 다른 근심이 있거나, 체력이 달려 기운이 없을 때는 얘기가 길어지기 전에 결론을 지으려 하기 쉽다. 아이 입장에서는 얘기를 안 한 것만 못하게 된다. 자기 나름대로 참고 참다가 겨우 얘기를 꺼낸 건데, 그 상한 감정을 제대로, 충분히 위로받지도 못하고 결론이 나니 더 답답하고 억울해진다. 그 결론이 아이가 원하는 사과나 인정이라도 마찬가지다. 자기 감정을 충분히 이해받고 공감받는 과정이 없으면 응어리가 풀어지지 않는다. 관계도 식게 된다. 아이들이 커 가면서 점점 입을 다물게 되는 이유일 것이다.

문제 해결을 위해 성급하게 결론짓지 말아야 한다. 아이는 문제가 해결 안 되더라도 위로받고 싶을 때가 더 많다. 자기가 지금 얼마나 슬픈지, 얼마나 힘들어하는지 알아주고 걱정해주길 바라는 거다. 물론 촉발 사건은 결국 해결을 하긴 해야 한다. 그렇지만 문제 해결에 초점을 먼저 맞추게 되면 아이는 자기 마음을 알아주지 않는다고 여기기 쉽다.

아이 마음을 이해하려고 여러 차례 대화를 시도하는데도 밀쳐내는 경우, 그래도 절대 오래 그대로 내버려 둬서는 안 된다. 자기가 먼저 거부하고는 달래주지 않는다고 원망한다. 자기를 투

명 인간처럼 대했다면서. 부모가 자신을 제대로 이해해주지 못해서 말이 안 통하고 너무 싫다고 하면서도, 그냥 있으면 관심이 없다고 속상해하고 슬퍼한다. 아이들은 부모를 절대 포기하지 않는다. 밀어내는 행동만 보면 안 된다. 잠시 혼자 있게 하더라도 엄마가 너랑 얘기 나누고 싶고, 네 마음 속 이야기를 듣고 싶다는 신호를 틈틈이 줘야 한다.

평범한 가정 환경에서 자란 아이들에게도 상처와 결핍은 생길 수 있다. 이해받지 못하고 해소하지 못한 감정들은 어떤 순간에 충동적인 행동으로 나타난다. 이를 '행동화(acting out)'라고 표현하는데, 타인과의 관계에서나 자기 자신에게 부정적인 결과가 초래되기 쉽다. 공감과 이해, 지지는 파괴적이고 충동적인 행동을 김빠지게 하는 데 효과적이다. 어떤 부모도 완벽할 수는 없다. 부모의 영향력이 큰 만큼 최선을 다하는 수밖에 없다.

학교에서 매일 많은 아이들을 만나는 나도 내 아이들과 소통하는 일은 쉽지가 않다. 얼마 전 딸내미가 폭발을 했다. 내가 한참 바빴다. 여력이 없어서 아이 이야기에 최소한으로 반응을 하며 지냈는데 아이 마음에는 불만이 하나씩 쌓였던 모양이다. 그날은 부루퉁한 얼굴로 지난밤에 있었던 일을 이야기했다. 자긴 너무너무 힘든 하루를 보내고 잠시 쉬면서 핸드폰을 보고 있었는데 아빠가 뭐라 뭐라 그랬다는 거다. 또 시작이구나 싶어 빨리 마무리 짓는 식으로 얘기를 풀어 갔는데, 아이가 이번에도 이런 식으로 넘어간다며 펑펑 울었다. 자기는 너무너무 힘들고, 죽고 싶다는 생각까지 든다고 했다.

딸아이 방 침대로 가서 어깨를 나란히 하고 앉아 다시 얘기를 나눴다. "네가 하고 싶은 말이 많은데 아무도 네 말에 신경을 쓰지 않는 것 같다는 거지?" 아이는 '그렇다'고 했다. 친한 친구는 자기보다 더 어려운 상황이라 자기 고민이 너무 가벼운 것 같고, 아빠와는 언젠가부터 어색해진 면이 있고, 할머니는 너무 걱정이 많으니까 내 힘든 얘기를 하는 건 아닌 것 같았단다. "엄마는 그래도 얘기가 되는데, 요즘 얘기할 시간이 너무 없었잖아."

아이는 요즘 자기가 사춘기인지 별일 아닌 일에도 기분이 갑자기 너무 안 좋을 때가 많고, 불행한 느낌이 든다고 했다. 친구나 가족, 주변 사람들의 행동도 너무 싫고, 거슬릴 때가 많다고 했다. 앞으로 미술 관련 일을 하고 싶은데, 재능이 있는지도 모르겠고 어른이 되어서 그쪽으로 취업을 할 수 있을지 너무 걱정이 된다는 고민도 털어놨다.

뉴스에서 여자 청소년이 남자 청소년에 비해 우울·불안 수준이 높고, 정서 조절과 삶의 만족도도 낮다는 연구 결과를 봤다. 내 딸만 그런 게 아니라 많은 여자 청소년들이 스트레스에 취약하고 정서적으로 예민하다. 연구 결과에도 나왔듯이 경제적 어려움이나 편부모 가정 여부보다 자녀에 대한 부모의 지지 여부가 더 큰 영향을 끼친다. 문제 해결을 도와주는 것도 중요하지만 일단은 가슴속 애기를 할 수 있도록 귀를 기울여주는 것이 중요하다.

속애기는 '시작!' 하고 나오는 게 아니다. 친밀감을 느끼며 이런저런 애기가 오가고 난 다음에야 나온다. 가족이라도 소소한 일상을 잘 나누지 않는 관계에서는 서로 어색함을 느낄 수밖에 없다.

상담 기관이나 병원이 필요할 때도 있다. 이때도 조심스럽게 접근하는 것이 좋다. 상담실로 찾아온 한 학생이 초등학교 때 병원 다녀온 일을 애기한 적이 있다. "부모 자기들 판단대로 데리고 간 거잖아요. 그렇게 가게 되면 얼마나 무서운데요. 내가 정신이 이상한가 싶어서요." 치료가 필요하다면 그것에 대해 아이가 어떤 마음인지 충분히 들어줘야 한다. 상담이나 정신과 진료에 대한 편견이나 두려움이 있다면 적절한 설명이나 안내로 안심시키는 것도 중요하다. 그러지 않으면 치료는 벌이 된다.

첫째의 고충

MMMM

둘째 아이가 "우리 집에서 나만 둘째야."라며 툴툴거렸을 때 "아, 정말 그러네." 하며 같이 웃었던 적이 있다. 오빠에게 더 먼저, 더 많은 사랑이 가는 것은 아닌가에 예민한 구석이 있는 아이라 그냥 지나쳐지진 않았다.

내 바로 아래 동생도 둘째라서 불만이 많았다. 자긴 뭘 하나 하고 싶어도 언니인 내가 항상 먼저 경험하고 나서 그 결과에 따라 '이건 이래서 별로고, 저건 저래서 안 좋아.'가 결정되어 아예 선택할 기회조차 없었다는 말을 한 적이 있다.

나는 내가 첫째라서 큰애한테 더 사랑을 줬다고는 생각하지 않지만 큰애 마음이 더 쉽게 짐작이 되어 살펴준 적은 많았을 것 같다. 어쩌면 내 내면의 아이를 큰아이에게서 봤던 것일 수도 있다. 네 살 차이가 나는 동생이 태어나 집에 왔을 때 큰애는 갓 태어난 동생을 보며 누가 시키지 않았는데도 자기 잠자리를 내주었다. 그 이후 지금까지도 큰애는 동생의 것을 심술궂게 뺏은 적도 없지만 자기가 먼저 갖거나 선택하는 것을 당연하게 여긴 적도 없었다. 우리 부부 둘 다 큰애한테 양보의 미덕을 강요해본 적이 없다. 도리어 "너 먼저 해도 돼. 네가 원하는 거면 동생 신경 쓰지 말고 선택해도 돼."라고 하는 편이다.

사실 나도 자랄 때 우리 집 큰애와 마찬가지로 내 마음껏 행동하고 요구하지 못했다. 함께 자란 동생들은 또 다르게 생각할 수도 있겠다. 동생들에겐 부모의 인정과 사랑을 항상 먼저 받은 사람, 자기가 원하는 걸 하는 사람으로 보였을지 모른다. 그러나 내 입장에서는 누가 뭐라 그러지 않았는데도 알아서 양보나 포기를 하곤 했다. 첫째 아이로서 받는 기대는 특별한 선물이기도 했지만 꽤 무거운 부담이기도 했다. 인정과 주목을 많이 받았지만 충분히 제대로 누려보질 못했다. 그렇다고 내 안에 인정 욕구나 성취 욕구가 없었던 건 아니다.

아마도 나는 큰아이로서 더 의젓하게 행동하도록 은연중에 요구받았을 거다. 상담을 전공하면서 내 유아기를 떠올리게 되었는데, 알아서 말 잘 듣고, 제대로 떼도 못 부려본 어린 내가 떠올라 참 짠했다.

심리학자 아들러는 출생 순위가 성격 형성에 미치는 영향이 크다고 말했다. 첫째 아이, 둘째 아이, 가운데 아이, 막내 아이, 외동의 심리적 환경이 다르기에 다른 성격 특성을 보인다는 것이다. 특히 첫째 아이는 부모의 온전한 사랑과 관심 속에 자라다가 동생이 태어나면 '폐위된 왕'과 비슷한 처지가 되기 때문에, 질투와 경쟁의 과정을 거치며 이전과는 달리 의젓함, 성실함, 책임감이 더 발달하기 쉽다고 한다. 우리 집 큰애나 내 모습에서 그런 면들이 보이기도 한다.

하지만 획일적으로 단정해선 안 된다. 이런 학문적 연구는 많은 첫째 아이들의 속내를 짐작하는 데 유용한 하나의 틀로 보면 좋겠다. 중요한 건 아이 각자의 기질과 환경적 영향을 살피는 일이다. 타고난 기질과 환경의 상호작용으로 아이는 고유한 존재로 자라난다. 다만, 아이에게 가장 중요한 양육 환경인 부모가 은연중에 큰아이에게 과도한 책임감을 자극하고 있진 않은지 점검해볼 필요가 있다.

'걱정 인형'이 필요할 때

얼마 전 몰입 경험을 연습하는 시간에 한 학생이 "나는 걱정이 많아 시간 낭비를 많이 하는 편"이라고 말했다. 잠자리에 들 시간에도 이런저런 걱정을 하느라 피곤하단다. 사춘기가 시작되고부터 부쩍 고민이 많아진 우리 집 아이도 비슷하다.

걱정과 고민이 앞서다 보니 정작 지금 해야 할 일이나 할 수 있는 일에서 손을 놓게 된다. 답답한 마음에 "그렇게 걱정할 시간에 뭐라도 해, 그게 해결이야."라고 말하면 아이는 짜증을 낸다. 자기 고민을 대수롭지 않게 여긴다고 받아들이는 모양이다.

연구에 따르면 사람들은 현재 무엇을 하고 있든지 상관없이 딴생각을 하고 있을 때보다는 딴생각을 하지 않을 때 행복감을 더 크게 경험한다고 한다. 뭔가에 몰입한 상태에서는 근심 걱정이 없어진다. 내 힘으로 뭔가 잘 해나가고 있다는 느낌과 함께 과제 수행 능력까지 향상된다.

문제는 걱정을 멈추고 하는 일에 집중하고 싶은데 그게 잘 안 된다는 것이다. 어느새 딴생각, 다른 일을 하고 있다. 원래 주의 집중 시간은 짧다. 그 짧은 회기를 반복하는 수밖에 없다. 예를 들면, 해야 할 일이나 공부할 분량을 쪼개서 3분이나 5분씩 타이머를 맞춰놓고 정해진 짧은 시간 동안 수행하는 식이다. 집중이 훨씬 잘되고 결과도 좋다. 구체적이고 분명한 목표를 세우면 주의를 집중하기가 더 쉽다. '성적을 올리겠다'보다는 '수학 과목을 80점 이상으로 올리겠다'고 목표를 세우는 것이다.

다른 사람의 도움을 적극적으로 받는 것도 좋다. 시험 공부나 과제에 집중해야 할 때 아이들은 핸드폰에 수시로 빠진다. 자기 의지만 믿지 말고 과제를 수행해야 하는 시간만큼은 폰을 꺼놓거나 손에 닿지 않는 곳에 치워놓는 게 중요하다. 부모에게 잠시 맡겨놓는 것도 방법이다.

걱정이 많은 아이들이라면 '걱정 인형'이나 '걱정 상자'를 활용해 마음이 안정을 찾게 해주는 것도 좋다. 걱정과 고민거리가 있어서 집중이 안 될 때, 그 걱정을 인형에게 맡겨놓는다고 생각하고 자기 할 일에 다시 집중하는 것이다. 과테말라에서 전해 내려오는 걱정 인형은 손으로 만든 작은 인형이다. 걱정을 인형에게 전하고 베개 밑에 넣고 자면, 인형이 대신 걱정을 해주어 자신은 걱정 없이 자고 일어난다는 의미다.

걱정거리나 잡생각이 떠오르면 쪽지에 적어 상자에 넣고 그 걱정 상자를 개봉하는 날을 정해 확인해보는 방법도 있다. 집중을 방해하는 걱정이 떠오를 때마다 적어서 넣고, 다시 하던 일을 이어가는 식이다. 순간순간 집중을 돕는 상징적인 행동이다. 정해진 날에 걱정거리를 확인하다 보면 그사이 걱정이 해결된 경우도 있고, 걱정을 적던 그날엔 굉장히 심각하게 느껴지던 것이 지나고 보니 별로 큰 문제가 아니었다는 걸 경험하게 된다.

대개 실제로 발생할 확률이 낮은 일을 걱정하는 경우가 많다. 아이들도 마찬가지다. 특히 예민한 아이들이 더욱 그렇다. 걱정과 행동은 동시에 있기 어렵다. 일단 움직여야만 문제 해결의 실마리를 찾을 수 있다는 걸 아이들에게 알려주면 좋겠다.

겨울
—

지치지 않고
꿈을 꾸게
하려면

스스로 상담실을 찾는 아이들

학교 상담실이라고 하면, 여기 드나드는 아이들 대부분이 담임 선생님에게 끌려왔을 거라 짐작하는 사람이 많을 텐데, 사실은 그렇지 않다. 물론 사고를 치거나 선생님한테 욱하고 대들었다가 오게 되는 아이들이 많긴 하다. 너무 무기력해 보이거나 늘 엎드려 있는 아이를 선생님이 살살 구슬려 상담실로 데려오기도 한다. 반면 상담실을 제 발로 찾는 아이들도 꽤 많다. 요즘에는 초등학교 때부터 상담실 드나드는 걸 자연스럽게 여기는 분위기가 형성돼 있는 편이다.

상담실을 찾은 아이들이 가장 많이 하는 말은 "이유 없이 짜증나고 답답해요."이다. 실제로 사춘기 아이들은 스스로 감정을 통제하지 못해 힘들어한다. "학교에 다니기 싫고 전학 가고 싶어요."라는 말도 자주 한다. "공부를 왜 하는지 모르겠어요. 꿈이 없어요." "학원 다니기 너무 힘들어요."도 상담실에서 흔히 들는 말이다. 남자아이들은 키 크고 싶다고 하고, 여자아이들은 살 빼고 싶다는 말도 많이 한다. 그런가 하면 상담실에서 만난 어떤 아이는 "일 안 하고 건물세 받아 사는 게 소원"이라고도 했다.

사춘기 고민에 약간의 성차는 있는 것 같다. 설문 조사를 해보면 남자아이들은 가장 큰 고민으로 '학업·진로 문제'를 꼽곤 한다. 여자아이들이 꼽는 가장 큰 고민은 대인 관계다. "어제까지 잘 놀던 친구가 갑자기 쌩까요."라며 고민한다. 물론 여자아이들에게도 공부는 주된 고민거리다. 성별에 상관없이 "공부가 잘 안되는데 부모님이 자꾸 스트레스를 줘요." "효과도 없는데 학원을 못 끊게 해요."라고 호소하는 아이들이 많다. 다만, 남학생들보다 여학생들이 대인 관계에 문제가 생겼을 때 공부에까지 영향을 많이 받는 편인 것 같다.

사실 공부 못하는 아이들도 학습에 관심은 많다. 공부를 잘하고 싶어 한다. 특히 중2 후반부가 되어 불안해하는 아이들을 볼 때면 가슴이 아프다. "3학년 때 공부하면 제가 원하는 고등학교에 갈 수 있을까요?"라고 묻는데, 현실적으로 쉽지 않다. 부모가 경제적으로 확실하게 지원해주거나, 그것이 불가능하다면 교사나 지역 사회가 일대일 멘토링 등으로 빈틈을 메워줘야 하는데 알다시피 한국 사회는 이런 시스템이 잘 되어 있지 않다.

이 같은 아이들의 고민과 관련해 상담 교사로서 부모님들에게 꼭 드리고 싶은 부탁이 있다. 가장 먼저 부탁드리고 싶은 것은, "그만 좀 놀아라. 친구가 밥 먹여주냐!"라고 다그치지 않았으면 한다는 것이다. 물론 부모 입장에서는 아이가 친구한테 정신이 팔려 제 할 일을 못한다는 불안감이 있을 것이다. 그렇지만 돌이켜보면 힘들고 고통스러웠던 시절, 나를 위로하고 지지해줬던 그때 그 친구들이 있었기에 내가 그 시기를 견딜 수 있었는지 모른다. 지금 내 아이에게도 친구가 필요하다는 사실을 이해해주었으면 한다.

다음으로는, 사춘기 아이들과 즉석에서 부딪히지 말라는 당부를 하고 싶다. 나도 순하디 순했던 큰아이가 초등학교 5학년 무렵 '미친 눈빛'을 하는 걸 보고 사춘기가 왔음을 깨달았다. 별것 아닌 일에 아이가 벌컥 화를 내면서 방문을 '쾅' 닫고 들어가는 걸 보면 부모로서는 당연히 속이 뒤집힌다. 그렇지만 그 순간 아이 자신도 당황스러울 수 있다는 것을 잊지 말아야 한다. 자신의 번뜩스런 감정 변화에 스스로 놀라고 당황하는 게 사춘기다. 사춘기 초기(초등 4, 5학년~중학교)에는 상대 표정을 보고 감정을 잘 읽지 못한다는 연구 결과도 있다. 상대의 감정을 구별하는 능력이 일시적으로 쇠퇴한다는 것이다. 그러다 보니 가만히 있는 엄마에게 느닷없이 "왜 엄마는 나한테 짜증내고 그래?" 하면서 난리를 치는 일이 벌어진다. 이런 일이 벌어져도 절대 격돌하지 말아야 한다. 역효과만 난다. 그렇다고 움찔하면서 물러난 채 그 냥 넘어가서도 안 된다. 아이가 무례하게 행동하는데 부모가 기에 눌려 약한 모습을 보이면 부정적 행동이 더 강화된다. 반드시 잘못을 짚고 넘어가되, 아이 감정이 격해져 있을 때는 잠시 시간을 두고 안정을 찾은 다음 대화를 시도하는 것이 좋다. 나도 아들이 처음 반항한 날 한두 시간 자게 놔둔 뒤 "엄마가 많이 놀랐다."라고 말을 건넸다. 그랬더니 아들은 "나도 내가 왜 그랬는지 잘 모르겠어."라고 했다.

　마음은 다 받아주되 규칙은 필요한 것이 사춘기 양육인 것 같다. 규칙을 지키는 것은 어른이 되어 가는 과정이기도 하다. 이 사회에서 함께 살아가는 법을 익히는 것이다. 요즘 아이들은 규칙을 지킨다는 관념이 희박하다. 선생님이 방과 후에 남아서 벌을 서라고 하면 도망가는 아이들이 생각보다 많다. 수업 끝나고 교무실로 오라고 해도 오지 않는다. 이런 행동을 두고 선생님이 뭐라고 하면, 그냥 잊어버렸다고 태연하게 대답한다. 가정에서부터 규칙을 지키는 습관을 들여야 한다. 규칙에는 정답이 없다. 부모가 중요하게 생각하고 아이가 지켜주기를 바라는 가치를 아이에게 전달하는 수밖에 없다. 자녀에 앞서 부모 자신의 언행부터 점검해야 하는 이유다. 결코 쉽지 않은 일이지만, 부모가 스스로 자신을 돌아보고 올바르게 말하고 행동하려고 노력할수록 효과는 확실히 커진다.

단, 규칙을 정할 때 '미니스커트 입지 말기'처럼 사소한 일에 집착하지 않아야 한다. 근본적이지 않은 부분에서 조금씩 풀어줘야 핵심적인 문제를 바로잡을 때 부모에게 권위가 생긴다. 규칙을 어겼다고 한 달간 게임 금지처럼 과도한 벌칙을 가하거나, 여자아이의 머리카락을 강제로 자르는 식으로 완력을 쓰는 행위는 절대 해선 안 된다. 이런 방법으로 아이는 결코 달라지지 않는다. 오히려 돌이킬 수 없는 사태만 벌어질 수 있다.

'마음은 무조건 수용하되, 바람직하지 않은 행동은 즉시 제한할 것'을 사춘기 양육의 원칙으로 제시하고 싶다. 그런데 이 원칙을 실행하려면 그전에 먼저 부모와 자녀가 친밀한 관계를 맺고 있어야 한다. 어떤 부모 교육에서나 이걸 강조할 텐데, 실천하기는 정말 쉽지 않다. "내가 너 그럴 줄 알았지." 같은 비아냥이나 "괜찮아, 다 지나가. 그땐 다 그래." 같은 어설픈 위로는 아이에게 도움이 안 된다. 아이는 지금 죽을 지경인데 부모가 자신의 고통을 과소평가하는 것으로 여길 수 있다. 일단은 잘 듣고 아이의 마음을 읽어주는 일부터 해야 한다. 아이를 가르치려 들기보다 "네가 이런 행동을 하는 데는 분명히 이유가 있을 거야. 그 이유를 내게 말해주지 않을래?"라고 진심으로 다가가야 한다. 이

것 자체로 아이에게 굉장한 힘이 된다. 이렇게 아이 마음을 풀어 준 다음에 대화를 시작해야 통한다. 다른 길은 없다.

한편으로는 아이와 신뢰를 쌓아 가면서 동시에 조금씩 거리를 두는 연습도 해야 한다. 아이가 스스로 뭔가를 해보고 선택할 수 있도록. 가까우면서도 먼, 이런 적당한 거리를 유지하는 것이 아이를 건강한 어른으로 성장시키는 데 도움이 된다.

'야동'과 '몸 사진'

〰〰〰〰

"엄마. 언제쯤 집에 와?" 큰애가 초등 4학년 무렵이었는데, 방학 때라도 수시로 나가 있는 엄마가 궁금했는지 간간이 이렇게 전화를 했다. 엄마를 필요로 하는가 싶어 짠하기도 했고, 친밀함에 기분이 좋기도 했다. 그런데 그게 아니었다. 인터넷에서 찾은 야한 사진에 한창 빠져서 시간이 필요했던 거였다. 그렇게 내 예상보다 일찍 사춘기가 시작된 큰애 때문에 부랴부랴 대책을 마련했다. 어떤 기준으로 성패를 말할 수 있을지는 모르겠지만, 적어도 이제는 이런 질문과 답을 서로 부담 없이 할 수 있게 되었으니 나름으로 선방한 게 아닐까 싶다. 물론 큰애는 그 대책 이후에도 철통 같은 방어를 뚫고 나름의 경로로 '야사', '야동'을 접하고 있는 걸로 알고 있다.

요즘 사춘기 아이들의 성 의식이나 성 가치관, 성 문화는 부모 세대와 많이 달라졌다. 단순히 외모를 가꾸는 것뿐만 아니라 이성 교제에서 스킨십, 성적 행위의 양상도 과거와는 많이 달라졌다. 자기 몸의 변화에 관심이 많고 그것을 적극적으로 표현하기도 한다. 그 가운데 하나가 자신의 '몸사(몸을 찍은 사진)'에 관심을 기울이는 아이들이 많다는 점이다. 물론 사진 찍기를 싫어하는 아이들도 있지만, 또 한편으론 자신의 몸사를 게시하고 싶어하는 아이들도 많다. 이를 친목을 도모하는 목적으로 인증 샷처럼 사용하기도 하고, 이성 친구와 교환하기도 한다. 공개된 몸사는 평가하고 평가받는 놀이가 되기도 한다. 겉보기에는 자신감의 표현인 것 같지만, 이면의 심리를 들여다보면 사랑과 인정의 결핍을 볼 수 있다. 자신에게 중요한 사람에게서 온전히 사랑받고 인정받고 있다는 확신이 없기 때문에 주변으로 눈을 돌리고 거기서라도 자신의 가치를 확인받고 싶은 것이다. 누군가의 평가는 혼자라는 외로움을 잠시라도 잊게 해주는 연결선이 된다.

그런데 교실에서 무리 지어 장난처럼 성과 관련된 얘기를 쉽게 하면서도 개별적으로 성과 관련된 내용으로 상담을 원하는 경우는 많지 않다. 이 부분은 여전히 공개하고 나누기 어려워한다. 그래서 페이스북이나 카카오톡 등 얼굴이 안 보이는 소셜네트워크 서비스(SNS)를 통해 더 자신을 드러내게 된다. 몸사의 경우도 얼굴이 나와 있지 않은 신체 부위라 자신이 누군지 알려지지 않을 거라고 생각하고 쉽게 전송 버튼을 누르지만, 소셜미디어의 막강한 전파성과 영속성은 사춘기 아이들 세계에서 실제로 문제가 되고 있다. 거래와 범죄의 대상이 되기도 한다. 때로는 다른 사람들이 알아보지 않을까 하는 두려움과 수치스러움을 감당하지 못하고 극단적인 행동을 할 수도 있다. 그렇지 않은 경우라도 불안정하고 위축된 삶으로 이어지기 쉽다는 건 분명하다.

예전에 비해 자녀 성교육에 대한 관심은 많이 커졌지만, 여전히 어떻게 개입해야 할지 엄두를 못 내는 부모가 많다. 우선, 성에 관한 부모 자신들의 생각을 확인해보는 게 필요하다. 부모가 성과 관련된 이야기를 불편해한다면 아이들은 그걸 알아차리고 자신의 몸과 마음의 변화를 숨기고 부모와 공유하는 부분들을 차단할 것이다. 성에 대한 어떤 종류의 관심이든 "이제 어른이 되어 가는구나, 많이 자랐구나."라는 태도와 말로 아이와 얘기를 시작하면 되겠다. 당연한 관심이고 자연스러운 과정임을 인정해주면 된다.

이런 문제든은 동성 부모와 자녀 간에 애기를 나눈 때 더 동진감을 느끼고 편안하게 받아들이기 쉽다. 우리 집 큰애도 아빠와 따로 애기를 나누면서 더 돈독한 관계가 이어지기도 했다. 그렇지만 동성, 이성을 따져 배우자에게 해결을 미루는 것은 적절치 않다. 그리고 영 자신이 없다면 지역에 있는 성 교육 기관에서 부모가 먼저 교육을 받을 수도 있다. 자녀도 성 교육 전문 기관에서 개별적인 교육을 받게 할 수 있다. 우리 집의 경우는 관련 책을 많이 구해주고 읽어보게 했는데, 호기심이 가득 찬 시기여서 그랬는지 마다하지 않고 조용히 다 읽는 것 같았다. 읽은 내용을 같이 나누면 더 좋다고는 하는데 해보진 못했다. 그냥 가끔씩 진지하게 궁금한 사항들을 물어보기도 하고, 염려하는 바를 말하기도 한다. 아이가 크면서는 어떨 땐 농담으로, 어떨 땐 정말 궁금해서 "요즘도 볼 만한 게 있니?" "너무 하드 코어는 접하지 않으면 좋겠다." 정도의 말을 건네곤 한다. 한 번으로 끝나는 게 아니고, 지속적으로 관심을 두고 함께 주고받아야 할 부분이기 때문이다.

비호감이 된 아이

〰〰〰〰

아이들과의 상담이 쉬웠던 적은 없었지만, 요즘 들어 더 어렵다. 특히 친구 관계 문제에서 초등학교 때 겪을 일들, 이미 어느 정도는 마스터하고 지나왔어야 하는 일들을 중학생이 되어서 호소하는 경우가 늘었다. 이 책에서 이미 새 학기 친구 관계로 고민하는 아이의 사례를 살펴보았지만, 사실 이 주제는 사춘기 아이들의 상담실에서 끊임없이 변주되어 나타난다. 최근 들어 부모, 교사 등 어른과의 관계보다 또래 관계를 어려워하는 경우가 더 늘어난 것 같다.

친구 관계가 힘들다며 "전학 가고 싶다.", "학교 가기 싫다."고 하는 아이가 있었다. 딱히 누구와 싸웠다거나 갈등을 빚은 일도 없었다. 그냥 아이들이 자신을 별로 반기지 않는 것 같다는 거였다. 먼저 말을 걸어주지도 않고, 자신이 뭔가 말을 하면 호응을 잘 안 해준다고 했다. 그렇게 불편한 마음이 있던 차에 제비뽑기로 자리를 정하는데 혼자 앉는 자리에 걸리게 된 거였다. 처음에는 자신과 아이들이 잘 안 맞는 것 같고, 자신을 배제한다는 쪽으로 얘기를 많이 했다. 상담이 진행되면서는 아이들이 자신을 환영하는 눈치가 아닌 것 같아 자신이 먼저 피한 것 같다고 했다. 가정에서 사랑과 관심을 많이 받고 자란 아이라 자기 뜻대로 되지 않고 자신에게 집중되지 않는 상황이 힘들었던 것 같다. 뭔가 나서서 하고 싶은데, 그게 아이들에게 안 먹히는 순간 당황스럽고 화도 났을 것이다. 그래서 소외감과 외로움에 삐치고 뚱한 모습을 보였을 텐데, 다른 아이들은 아이의 그런 모습에 관심도 없었을 거고 이해해주기도 어려웠던 것 같다.

친구 관계에서 미성숙한 모습을 많이 보인다고 할까? 주로 하는 얘기가 아이들이 자기에게 아는 체를 안 해주고 자기들끼리 논다는 것이었다. 또 자기가 무슨 말을 해도 아이들이 '씹는다'고 마음 상해했다. 어떤 경우는 아이가 의견을 내고 말할 때 주변 아이들이 '쟤 왜 저래?'라는 식으로 싸한 반응을 보이는데도 본인은 개의치 않는 모습이라 지켜보는 선생님이 도리어 긴장하는 경우도 있었다. 또래들 사이에서 어떻게 하면 친해지는지, 어떻게 갈등을 풀어 가야 하는지 감을 못 잡는 것이다. 구체적인 갈등이 있다면 거기에 초점을 맞춰 풀어 나갈 수 있는데, 특별한 사건이 아닌 경우가 많다. 불편한 상황이 생기면 화를 내거나 뒤로 물러나버린다. 갈등 해결 방법은 물론이고, 다른 아이들과 만나서 대화하고 노는 방법조차 가르치고 연습시켜야 할 때가 많다.

단순히 내성적이고 소심해서 또래들과 잘 못 어울리거나 친하게 지내는 데 시간이 많이 걸리는 아이들도 있지만, 부모와의 관계에서 과잉보호나 특별 대우 받는 데 익숙해서 자기 뜻대로 하지 못하는 상황을 참지 못하고 또래들과 불편하게 지내는 경우도 많다. 또래 관계의 경험 자체가 부족하거나 편하지 않다 보니 교사나 어른들과 말하는 걸 더 편하게 여기는 아이들도 있다. 심지어 또래 친구들이 자신과 수준이 맞지 않다고 여기는 경우도 있다.

저학년 때는 부모가 만들어준 관계의 울타리 안에 있을 수 있지만, 오래 유지되지는 못한다. 내가 친구들에게 먼저 다가가거나 친구들을 불러 모을 수 있어야 한다. 나 홀로 특별한 사람으로 있으려 할 게 아니라, 구성원이 되어 제 역할을 하는 법, 함께 조율하는 방법 등을 익혀야 한다. 친구들과 대체로 잘 지내는 아이들을 보면, 자기 입장만 내세우지 않고 다른 사람의 마음도 잘 살펴준다. 그러다 보니 저절로 인기가 생기고 인정을 받는다. 또 자기 기분에 따라 행동하는 게 적고, 약속을 잘 지키는 편이다. 이렇게 안정감 있는 아이는 친구들에게 믿음을 준다. 그리고 관계에 집착하지 않는다. 단짝을 원하고 내가 좋아하는 아이가 나를 원하지 않을 때 아파하기도 하지만 거기에 매달려 자기 생활을 심각하게 망치진 않는다는 것이다.

아이가 친구 관계로 힘들어한다면, 내 아이의 특성이 어떤지 제대로 파악해봐야 한다. 부모 눈에는 별 문제 없다 싶어도 또래 사이에서는 다르게 받아들여질 수 있다. 내 눈에는 똑똑하고 주관이 뚜렷하며 자신감 있는 아이가 또래들에게는 잘난 체하고 자기 위주로만 하려는 비호감인 아이로 비춰질 수 있다. 나와 다른 관점이 있을 수 있다는 것, 같은 상황에서도 서로 다르게 느끼고 다르게 생각할 수도 있음을 배우고 익힐 수 있도록 해줘야 한다.

시험 불안 다스리기

학창 시절에 시험 기간을 앞두고 늘 감기 증상으로 고생을 한 친구가 있었다. "감기 때문에 공부를 잘 못 했어."라고 말하는 그 아이한테 "또 감기야?" 하며 핀잔을 주곤 했다. 골골대면서도 성적을 유지하는 모습이 얄밉기도 했다. 그런데 또 한편으로 생각해보면 그리 낯선 모습도 아니었다. 나도 부담이 되는 일을 앞두고 컨디션이 나빠져 애를 먹은 적이 많고, 그럴 때마다 속으론 '이번 일은 컨디션이 안 좋아서 최선을 다하지 못했어.'라고 나도 모르게 변명을 늘어놓곤 했다.

예전에 상담을 했던 한 아이도 시험 기간이 되면 스트레스가 너무 심해서 병원 진료를 달고 살았다. 공부를 열심히 하는 편이었지만 성적이 늘 기대만큼 나오지 않아 힘들어했다. 평소에는 잘 풀어내는 문제도 시험 때만 되면 놓치는 경우가 다반사였다. "풀다가 막히는 문제가 있으면 그때부터 머리가 하얘져요. 첫 번째 문제에서 걸리면 완전히 망하는 거고요." 아이는 답안지 마킹도 한 칸씩 밀려서 했을 거라는 불안감에 두 번 세 번 다시 확인하느라 시간을 허비했다.

성적과 상관없이 대부분의 학생들이 시험 기간에 스트레스를 받는다. 물론 스트레스가 표출되는 양상에는 차이가 있다. 시험 공부에 전력을 다하기도 하고, 반대로 아예 책 한번 들춰보지 않고 피시(PC)방이나 놀이터로 직행하기도 한다. 후자의 경우, "노는 애들은 시험 스트레스가 없지."라는 오해를 받기도 한다. 사실 그 아이들도 공부를 해보고 싶은 마음이 있다는 걸 우리가 놓치는 것일 수 있다. 시험 공부를 해서 성적을 좀 올리고 싶어도 무엇을 어떻게 해야 할지 몰라 책을 덮는 것일 수 있다. 그냥 있기에는 불안과 스트레스가 너무 크니까 그걸 해소하려고 다른 놀이에 빠져드는 것이다. 전자의 경우는 적당한 불안과 긴장이 시험 공부를 하는 데 에너지를 공급해주는 구실을 한다. 그런데 불안과 긴장이 지나치게 크면 시험에 대한 두려움, 공포로 연결되기 쉽다.

실제로 많은 아이들이 시험 불안에 시달린다. 학교 생활의 통과의례인 시험이 주는 압박감은 엄청나다. 단순히 지필고사만을 얘기하는 건 아니다. 가창 수행평가나 발표 때 목소리가 떨릴까 봐 긴장하고 불안해하는 모습을 흔히 볼 수 있다. 이럴 때 나타나는 신체 증상 탓에 더 힘들어지기도 한다. 떨림, 가슴 두근거림, 두통이나 복통을 호소하거나 식욕부진, 과식으로 고생할 수도 있다. 시험지를 받으면 눈앞이 하얘지거나 캄캄해지기도 한다.

특히 소심하거나 완벽주의 성향을 지닌 아이들은 주변 환경으로부터 부담감을 크게 느낀다. 그렇지 않은 아이들이라 해도 경쟁적인 사회 분위기 탓에 시험과 평가에 부담을 느낄 수 있다. 이런 상황에서 부모의 지나친 기대나 강요까지 더해지면 시험 불안은 증폭된다.

시험이나 수행을 앞두고 불안을 느낀다면 긴장을 완화할 수 있는 여러 행동요법들을 통해 도움을 받을 수 있다. 긴장을 이완하는 방법들, 즉 신체 각 부위에 힘을 가했다가 풀어주는 활동을 해볼 수도 있고, 명상이나 심호흡, 상상 기법(시험이나 발표 상황을 실제 장면처럼 세세하게 머릿속에서 떠올려 경험해보는 것)을 해볼 수 있다. 또는 시험 때 문제를 자동적으로 잘 풀 수 있도록 평소에 학습량을 늘리거나 반복 연습을 할 수도 있다. 그러나 학습량을 무작정 늘리는 것은 부담을 가중시킬 수도 있으니 무리하지 않도록 주의한다.

특히 부모의 태도는 아이의 병을 만들기도 하고, 병을 치료할 수도 있다. "열심히 해. 최선을 다하면 돼. 시험 잘 봐." 이런 말조차 부담이 될 수 있다. "공부하느라 애썼다. 힘들었겠다. 옷 따뜻하게 챙겨 입고." 이런 말로 따뜻한 마음이 전해지도록 하는 게 좋다. 그리고 부모 자신이 아이에게 지나친 기대를 하지 않으려면 자녀의 학습 능력을 객관적으로 봐야 한다. 아이가 인지 능력은 괜찮은 것 같은데 성적이 그만큼 나오지 않는다고 여겨지는 경우, 단순히 노력을 안 한다고 생각할 수 있다. 원인을 찾아야 한다. 목표가 없어서, 적합한 학습 방법을 못 찾아서 또는 학습 문제가 아닌 정서적 문제로 집중을 못하는 것일 수도 있다. 어디에 해당하는지를 확인해서 도움을 줘야 한다. 아이가 타고난 재능보다 노력을 정말 많이 해서 좋은 결과를 내고 있다면 더 잘하도록 기대하거나 강요해서는 안 된다. 이미 잘하고 있는 아이다. 좋은 행동 습관을 갖고 있으므로 차라리 "너무 힘들 때는 쉬어 가도 괜찮아." 같은 말로 꾸준히 관심을 보이며 격려를 하는 게 좋다.

한편, 시험 결과에 대한 분석만큼 중요한 게 시험을 치른 사춘기 마음을 다독여주는 것이다. 일단, 시험을 끝내고 온 아이에게 "시험 보느라 애썼다. 고생했어."라고 말해주며, 노력하고 마음고생 한 것을 인정해주면 좋겠다. 혹시 시험 기간 동안 아이가 보인 아쉬운 모습에 많이 참고 있었다면 점수를 확인하기 전에 먼저 그 얘기를 나누는 것도 좋다. 혹시라도 기대에 미치지 못하는 성적을 보고 나면 화를 조절하는 게 힘들 수도 있다.

나름대로 열심히 공부하고 성적이 괜찮은 편인데도 유독 시험이나 결과에 대한 스트레스가 큰 아이에게는 시험 결과를 받아들이는 과정을 통해 마음의 힘을 키우는 방법을 일러줘도 좋다. "네가 그렇게 스트레스를 많이 받는 건 자신에게 거는 기대가 높기 때문이야. 기준이 높은 것 자체는 좋아. 더 잘하려고 노력할 수 있고 또 그렇게 될 가능성이 커지니까. 그러니 힘든 게 당연하지. 그 대신 너 자신을 너무 닦달하진 말자. 너는 열심히 하고 있잖아. 그런 태도가 참 좋아." 부모와 이런 대화를 나누며 마음이 편안해지는 경험을 하다 보면 이후에 어떠한 일이 생겨도 안정감 있게 대처할 수 있을 것이다.

　나는 평소 우리 집 둘째에게 "우리 ○○는 공부한 것에 대해서는 결과가 참 좋단 말이야."라는 말을 많이 해준다. 아이에게 뭔가 마음먹고 하면 원하는 지점에 가까워진다는 걸 알려주고 싶었다. "지금처럼 꾸준히 하면 조금씩 더 좋은 결과가 있을 거야."라는 말은 그 결과를 얻기 위해 아이가 얼마나 노력했는지를 부모가 잘 알고 있음을 알려주는 표현이다. 이런 표현은 아이가 좋지 않은 결과를 받아도 좌절하지 않고 노력, 과정이 중요함을 알 수 있게 해준다.

"왜 내가 손해 봐야 해요?"

〰〰〰〰

학기 말, 아이들이 제일 많이 하고 싶어 하는 것 가운데 하나가 야영이다. 아이들은 담임 선생님을 졸라서 학급 야영을 하든, 동아리 지도교사를 졸라서 동아리 야영을 하든 어떻게든 야영을 해보려고 한다.

얼마 전 어떤 반에선 담임 선생님이 학급 야영 때 치킨을 조별로 사주겠다고 했는데 아이들이 싫다고 했단다. 이유를 듣고 보니 이해가 되면서도 씁쓸했다. 치킨은 공평하게 나누기 어렵다는 게 그 이유였다. 아이들은 1인당 한 개씩 딱 떨어지게 나눠 먹을 수 있는 종류를 원했다.

낯선 모습은 아니다. 교과 수행평가 때 모둠 활동에서도, 상담실 집단프로그램에서도 요즘 자주 보는 모습이다. 협동 작업 등 함께하는 걸 좋아하는 아이는 별로 없다. 어쩔 수 없이 공평하지 않은 일이 많이 발생하기 때문이다. 성적을 조별로 같이 받는다면 수행도 정확히 나눠서 해야 한다고 생각한다. 무임승차하는 꼴은 절대 볼 수 없다. 쿠키를 만드는 활동을 해도 자기 몫의 반죽으로 자기 분량을 만들어 싹 다 가져가길 원한다. 내가 한 개 줬으면 네 것도 한 개 받아야 한다는 식이다.

아이들이 점점 다른 사람들과 뭔가를 함께 할 수 있는 능력이 약해지는 것 같다. 뭐든 자기 몫을 정확히 챙기길 원하고 손해 볼까 봐 민감하게 군다. 한창 몸과 마음이 커가는 사춘기 시절, 함께하는 과정에서 협동심을 키우고 끈끈한 우정을 쌓아 가면 좋을 텐데 어른들 마음과는 점점 멀어진다.

뭐든 공평하게 나누거나 받아야 마음이 편해지는 아이들. 이해와 배려가 들어갈 여지가 많지 않다. 이 심리적 허기와 결핍은 아이들 자신이 이미 오랜 시간 비교와 경쟁에 시달려 온 결과가 아닐까 싶다. 더 잘하는 사람과 비교돼 소홀히 여겨졌던 경험도 있었을 테고, 같이 열심히 했는데도 더 예쁘고 능력 있는 사람에게 먼저 쏠리기던 관심과 인정도 목격했을 것이다. 그런 면에서 나보다 잘하는 사람이 주목받는 것도 속상하다. 나만큼 열심히 하지도 않은 사람이 여우처럼 무임승차하는 것도 당연히 싫다. 하물며 나보다 능력이 모자라는 사람과 똑같이 인정받고 보상을 받는 것은 억울하고 기분 나빠 참을 수 없다.

치열한 경쟁 등 제도 문제는 장기적인 관점에서 변화해야 할 부분이라면, 가정에서는 아이가 타인을 배려하고 또 거꾸로 타인에게 배려받을 기회를 만들어줘야 한다. 아이가 사춘기쯤 되면 부모 주도의 가족 모임 등 함께하는 활동이 줄어드는데 이런 활동을 활발하게 해보는 것도 필요하다.

이때부터는 아이가 선택한 관심사를 인정하고 허용해주는 것도 중요하다. 또 아이가 흥미로 선택한 일의 결과보다는 과정과 의미에 더 관심을 기울여야 한다. 이런 부모의 모습이 아이에게 스며들면 다른 아이 때문에 부족한 결과가 나와도 억울해하거나 공격을 하지 않을 여유가 생긴다. 반대로 나에게 문제가 있을 때도 자연스레 양해를 구할 수 있다.

지능지수와 위험한 오해

〰〰〰

우리 아이가 공부머리는 썩 좋진 않지만 노력을 많이 해서 성적이 높은 경우, 공부머리는 괜찮은데 노력을 안 해서 성적이 낮은 경우. 이 둘 중 하나를 고른다면 어떤 쪽을 선택하겠는가?

자녀가 어릴 때 '우리 아이 혹시 영재 아냐?' 하면서 기대에 찬 마음으로 아이의 나날을 지켜본 경험들이 있을 것이다. 그러나 아이가 커 갈수록 "우리 아이는 머리는 좋은데 노력을 안 해서……."라며 걱정하는 소리가 더 많아진다. 머리가 나쁠지도 모른다는 생각은 부모들을 두려움에 떨게 하는 것 같다. 그만큼 우리는 머리가 좋다는 것에 굉장한 선망이 있는 것 같다. 지금은 좀 뒤떨어지더라도 언제든 마음만 먹으면 성과를 낼 수 있다는 가능성을 믿고 싶어 한다. 그래서 아이의 공부 습관이나 다른 여건을 탓하면서 아이를 좀 더 노력하도록 채근하고 공부 자원을 막무가내로 투입하는 것인지도 모르겠다.

예전에 2학기가 끝나 갈 무렵 상담실을 찾은 아이가 있었다. 대부분의 수업 시간에 잠을 잤고, 또래 관계도 편하지가 않았다. "다른 사람들은 나를 바보라고 생각해요." 그 이유를 물어봤을 때 "맨날 자고, 성적이 그따위니까요."라고 답했다. 자기 자신에 대해서도 "못생기고 멍청하고 한심하죠. 제 단점은 '몰라요'라고 말하는 거랑 힘이 없다는 거. 허리가 축 처지고, 생각도 힘이 없고, 뭐든지 다 힘이 없어요."라고 표현했다.

어린 시절부터 부모의 돌봄이 부족해 정서적으로 허약했고, 기초 학습에 결손이 있었으며, 또래 관계에서도 자기 자리를 찾지 못하고 겉돌게 된 경우였다. 그렇지만 아이가 심리적으로 크게 타격을 받은 일은 따로 있었다. "초등 6학년 때 검사를 했는데, 지능이 일고여덟 살 정도로 나왔어요. 충격받았고, 울고…… 정말 짜증났어요. 이렇게 컸는데, 일고여덟 살이라고, 장애인도 아니고. 엄마, 아빠도 저보고 술 먹고 화내면서 포기한다고 하고."

실제로 그 아이의 지적 능력이 어떤 수준인지는 모른다. 그렇지만 동물을 사랑하고, 그림·만화 그리는 것을 좋아하고, 요리하는 데 관심이 있고 곧잘 하는 아이를 스스로 '바보'라고 여기게 할 수는 없었다. 이듬해 아이는 다시 병원을 다녀왔고, 지능검사 결과가 보통으로 나왔다. 지난 시간들이 말끔하게 회복될 수는 없었지만 고등학교 생활까지 많이 안정된 상태에서 하는 걸

볼 수 있었다.

자녀가 평범하게 생활하고 적응하고 있다면 지능검사를 군이 할 필요가 있을까 싶다. 물론 지능이 아주 높거나 낮을 것 같은 경우 전문 기관에서 검사를 받아보는 것이 도움이 될 수 있다. 두 경우 다 특수교육으로 잠재력을 길러주거나 결손을 미리 발견하여 대처할 수 있는 계기가 된다. 그러나 치료 효과를 보기보다는 충격을 받아 문제가 되는 경우가 심심찮게 있다. 검사 결과를 '능력' 자체로 받아들여 삶에 큰 그늘을 남기기 쉽다. 지능지수가 높게 나오는 경우라도 부모의 지나친 기대가 과도한 학습으로 이어져 아이의 잠재력을 시들게 할 수도 있다. 다른 심리 검사들도 마찬가지지만, 지능검사는 특히 검사 과정과 해석 과정에서 모두 세심한 관찰과 주의가 필요하다.

대부분 아이들이 평균의 범위 안에 있다는 것을 잊지 않았으면 좋겠다. 지능검사의 제작 원리상 약 68%의 아이들은 보통의 지능기수(흔히 IQ 85~115)를 가지고 있다는 것이다. 그것도 그 나이의 전체 집단에서 어느 정도의 위치에 있는지를 설명해놓은 것이다. 또 지능검사는 아이의 '능력' 자체보다는 '현재까지 학습해 온 것'을 측정한다고 볼 수 있기 때문에 내 아이의 미래, 성공 여부를 확인하는 도구로 삼아서는 안 되겠다.

아픈 아이를 어떻게 대할까

WWWWW

　부모 경력자들끼리 모이다 보면 "아이를 낳고 기르는 일이 이렇게 어려운 일인지 몰랐다. 미리 알았다면 정말 생각 많이 했을 거다.", "부모가 되면서 내 인간성의 바닥을 봤다." 같은 얘기를 종종 한다. 많은 걸 경험하고 알고 있다고 생각했는데 늘 새롭게 한없이 미숙한 자신을 보게 된다. 또 내 몸보다 더 귀하게 여기고 대한다고 하지만, 아이를 키우는 과정에서 내 욕구와 이기심이 앞서는 일이 드물지 않다. 때로는 짜증과 화, 한편으로는 죄책감과 자괴감에 몸서리를 치게 되는 경우도 많다. 특히 아이가 몸이 약하거나 아플 때 '내가 뭘 잘못해서 이렇게 된 걸까?' 싶어 자책하게 된다. '아기 때 모유 수유를 하지 못해서 그런가? 몸에 좋다는 음식이나 건강 보조 식품들을 잘 챙겨주지 못해서 그런가? 스트레스를 너무 많이 줘서 그런가? 사랑을 충분히 주지 못해서 그런가? 또 뭘 제대로 못해준 것 때문에 그런가?' 이런 생각들이 절로 든다. 엄마인 나 자신에게서 아이 상태의 원인과 책임을 찾게 된다. 아이가 아플 때, 그것도 일시적인 것이 아니라 계속 지니고 살아가야 하는 병이 있거나 그 병이 점차 진행되는 경우일 때 특히 더 그런 마음이 든다. 그러다 보니 한없이 미안하고 속상해진다.

사춘기 아이들도 병이나 장애로부터 자유롭지 못하다. 소아당뇨나 척추측만증, 갑상선 질환, 기립성 저혈압, 여드름, 탈모 등의 증상으로 사춘기를 더 어렵게 보내는 아이들을 학교에서 종종 만난다. 몸에 나타나는 이상 징후를 겪으면서 마음까지 위축되고 우울해하는 경우가 많다. 아이의 증상을 소홀히 여기거나 무심히 지나치지 않고 제때 적절한 치료와 관리를 받도록 해주는 부모들이 많지만 아픈 아이의 심리 상태까지 잘 알고 대응하는 것이 쉽지는 않다.

중학교 2학년 때 갑상선 기능 항진증 진단을 받은 한 아이도 간헐적인 혼란을 많이 겪었다. 처음에는 금방 괜찮아질 줄 알았다고 했다. 심각성을 잘 몰라서 '금방 괜찮아지겠지' 하고 대수롭지 않게 여겼는데, 부모님의 설명을 듣고 스스로 인터넷 검색을 해보고 나서 심각성을 느끼게 됐다고 했다. 아이의 부모님은 해당 질환에 대해 차분히 설명해주었고 희망을 품을 수 있게 격려도 해주었다. 그러한 노력이 아이가 심리적으로 안정을 찾는

데 도움이 되기도 했지만, 증상이 하나씩 나타나면서부터 아이의 걱정은 점점 커져만 갔다. 관련 증상 가운데 가장 걱정됐던 게 뭐냐고 물었을 때 아이는 "눈 튀어나오는 거"라고 바로 말했다. 다른 증상들은 겉으로 덜 드러나지만 외모의 변화는 사춘기 아이에게 너무 가혹하게 느껴졌을 것이다.

이런 불안을 안고 있으면서도 아이는 항상 밝게 행동했다. 하지만 마음속으로 부모님이 아픈 자기 때문에 힘들어할까 봐 미안해했고, 친구들 사이에서 분위기를 무겁게 할까 봐 불편해했다. 그러면서도 다른 사람들이 아픈 자기를 아무렇지 않은 사람처럼 대할 때는 "신경 써주진 않는 것 같다."며 서운해했다. 이렇게 모순되는 감정에 아이 자신도 굉장히 혼란스러워했다. 또래에게 그냥 '아픈 사람', '약하고 무능력한 사람'으로 비치는 게 싫다고도 했다. 한번은 반 아이들이 체육 활동 중 힘쓰는 일에서 자기한테 빠지라고 말한 일을 얘기하면서 아이는 '쫓겨났다'고 표현했다. 자신이 "기운 없고 아픈 애로 여겨지는 것 같다."며 울었다. "아프다는 이유로 활동에서 자동적으로 배제되거나 소외당하고 싶지 않다. 내가 할 수 있는 데까지는 해보고 싶은데, 그걸 물어봐주고 들어주는 사람이 없다." 이것이 아이의 솔직한 마음이었다. 상담에서 아이가 바란 것도 자기 말을 진심으로 들어주는 것이었다.

이렇게 아이가 아플 경우, 부모도 괴롭지만 당사자인 아이가 겪는 고통과 혼란도 엄청나다. 따라서 부모들은 아이에게 힘이 되어주면서 자신의 마음도 잘 다스릴 필요가 있다. 특히 단기간에 한두 번의 개입이나 치료로 쉽게 해결되는 문제가 아닐 때 어려움이 많다. 이때 부모로서 아이를 제대로 돌보고 있는 건지, 더 적절한 치료나 개입 방법을 못 찾고 있는 건 아닌지 고민하고 자책하기 쉽다. 내가 좋은 부모가 아닌 것 같고, 아이를 제대로 못 키우는 것 같다.

아이가 자신의 건강 상태에 대해 어떤 감정과 생각을 품고 있는지를 우선 알아야 한다. 그래야 더 적절히 개입할 수 있다. "조심하자, 잘하자."라며 상황을 더 심각하게 얘기해서 아이를 겁먹게 하거나 불안하게 해서는 안 된다. 반대로 별거 아니라는 식으로 대하며 부모 혼자서 감당하려 해서도 안 된다. 아이가 자신의 상태를 이해할 수 있을 정도로 설명해주자. 청소년기의 아이는 자신이 행동과 선택에 어떤 결과가 따르는지, 어떻게 책임져야 하는지도 알아야 한다. 큰 틀은 여전히 부모의 책임 영역이지만, 그 안에서 아이 자신도 맡아야 할 부분이 있기 때문이다. 치료나 교정 과정에서 힘들어하는 아이를 보면 마음이 아파 계속 진행하도록 독려하기 어려울 때도 많다. 어떤 경우는 부모가 그러한 심적 고통을 감당할 힘이 없어서 아이의 중단 요구를 받아들이기도 한다. 그러나 반드시 필요한 개입이라면 힘들어하는 아이를 든든히 받쳐줄 수 있어야 한다. 부모가 불안과 우울감에 휩싸여 있으면 아이는 눈치를 보게 된다. 불안해하고 힘들어하는 부모로 먼저 인식하게 되면 아이는 도움을 요청할 수 없게 된다. 부모 자신의 마음과 건강을 소홀히 할 수 없는 이유다.

강박, 멈출 수 없는 생각

WWWWW

국민학교 때 일인데, 꽤 생생하게 남아 있는 기억이 있다. 부엌에 들어갈 일이 있을 때면 칼이 날아올 것 같은 느낌이 들었다. 그럴 때마다 주문처럼 '아니야!'라고 속으로 말했다. 그 외에도 무서운 느낌 때문에 한여름에도 눈 바로 밑까지 이불을 덮고 잤던 적도 있다. 드라큘라는 없다고 생각했지만 그건 중요하지 않았다. 그렇게 목을 가리고 코끝까지 이불을 덮지 않으면 잠드는 데 애를 먹었으니까. 또 보도블럭 무늬에 맞춰 오른발 왼발 순서를 정해서 걸었던 적도 있다. 그렇게 안 하면 왠지 좋지 않은 일이 벌어질 것 같아서 나름으로 애를 많이 썼던 것 같다. 어릴 때만큼은 아니지만, 어른이 된 지금도 몇 가지가 남아 있다. 오늘 아침 출근길에도 늦어서 뛰었는데, 횡단보도 앞 좌회전 신호등이 켜지기까지 어떤 지점을 통과해야 지각하지 않고 오늘 하루가 잘 풀릴 거라는 생각이 자동적으로 들었다.

상담실에서 만난 아이들 중에도 나처럼 '경미한' 강박적인 사고나 행동을 하는 경우를 보게 된다. 가끔은 걱정스러울 정도라서 병원에서 진단과 치료를 받도록 연결하는 경우도 있다. 겉보기에 얌전하게 모범적으로 학교 생활을 하고 있는 한 아이도 상담을 받고 싶다고 왔는데, 전혀 뜻밖의 말을 해서 걱정했던 일이 있었다. "안 좋은 생각을 많이 해요." 아이에게 어떤 생각인지 물어봤더니, "사람을 죽이는 상상을 해서 머리가 너무 어지러워요. 진짜 사람을 죽이게 될까 봐서요." 이렇게 말했다. 얼마나 불안하고 걱정이 됐으면 이렇게 와서 얘기를 할까 싶었다. 초등학교 때부터 '죽으면 어떻게 될까?' 하는 생각을 많이 했고, 어떤 날엔 집에 혼자 있으니까 무서워서 집 앞에서 울었던 기억도 있다고 했다.

강박장애는 심각한 고통을 주는 반복적인 생각(강박사고)이나 반복적인 행동(강박행동)이 특징이다. 실제로 일어날 가능성도 없고 합리적이지 않다는 것을 알면서도 통제가 안 되는 생각이 반복되는 경우가 많다. 그런 생각들을 다스리느라 강박행동을 하기도 한다. 강박장애의 원인은 심리적인 것과 내면의 불안으로 보는 경우도 있고, 최근에는 뇌 기능의 문제로 보기도 한다. 유전적인 영향도 있는데, 그렇다고 해서 강박장애가 있는 부모의 자녀에게 반드시 그 증상이 나타난다는 것은 아니다. 강박장애는 그리 드물지 않은 정신질환 중 하나인데, 그만큼 많은 사람들이 강박적인 경향을 보인다. 정도의 차이가 있을 뿐이다. 문제는 이러한 강박사고나 강박행동이 일상적인 활동, 학업, 대인 관계를 방해하고 생활에 지장을 줄 정도로 심각하냐는 것이다.

강박 증상이 있는 아이들은 그런 자신에 대해 부끄러워하고 불편해한다. 내가 뭔가 나쁜 생각, 이상한 행동을 한다는 걸 누군가에게 알린다는 게 쉽지가 않다. 꽤 오랜 시간을 혼자서 참고 견디는 경우가 많다. 그렇기 때문에 이러한 고통을 호소하는 경우 단순히 스트레스 탓으로 치부하지 말아야 한다. 무조건 "지나간다, 너의 의지로 극복해라."라고 하는 것은 도움이 되지 않는다. 증상을 숨기게 만들고 고통이 더 커지게 할 뿐이다. 생각을 누르면 누를수록 더 생각이 난다. 자신의 의지로 쉽게 떨쳐낼 수 있는 게 아니다. 분명한 것은 자신이 원하지 않는데도 강박 증상은 계속 반복된다는 사실이다.

부모도 아이의 강박 증상을 받아들이는 게 쉽지는 않다. '아이가 예민한 성격이다. 마음의 문제니까 지나갈 수 있는 문제다'라고 생각하고 싶어 한다. 때로는 아이가 너무 예민하게 받아들일까 봐 별일 아닌 것같이 대한다고도 하는데, 그 마음속에 부모 자신의 불안은 없는지 확인해볼 일이다. '우리 아이가 큰일 나는 건 아닌가, 정신이 이상하단 말인가' 하는 생각으로 아이의 증상과 고통을 직시하지 못하는 것일 수 있다. 의학적 진단이나 치료가 필요한데도 부모의 불안 때문에 이를 멀리하게 되면 아이의 고통은 더 가중된다. 이런 경우에는 아이가 자신의 고통을 더 말하지 못한다. 부모에게서 '그냥 참아보라'는 메시지를 받고 있기 때문이다. 자신에게 이렇게 관심을 기울이고 있는 부모를 더 실망시킬 수가 없어서, 더 심각해지는데도 도움을 요청할 수가 없다.

아이를 정말 도울 수 있는 길이 무엇인지를 먼저 생각해야 한다. 자신의 증상으로 인해 두려움과 불안을 가지고 있는 아이를 적절하게 지지해줄 수 있어야 한다. "참으려고 해도 안 되니 더 힘들었겠다.", "그런 증상이 있다고 해서 이상한 건 아니야. 많은 사람들이 겪고 있고, 치료하면 된다."라는 얘기를 나누며 안심시켜주는 것도 좋다. 아이가 강박사고나 행동을 참지 못했다고 화를 내거나 의지 부족이라고 탓해선 절대로 안 된다. 그리고 아이가 자신이 받는 스트레스를 확인하고 관리할 수 있도록 도와야 한다. 스트레스 자체가 강박장애의 근본 원인은 아니지만 증상을 유발하는 요인으로 작용하기 때문이다.

'사춘기 냄새' 체크하기

〰〰〰〰

딸아이가 초등학교 5학년 때 자기 옆에 앉은 남자애한테서 냄새가 난다는 얘길 한 적이 있다. 다른 여자애들도 그 아이한테서 냄새가 난다며 아이가 앉았던 의자에 앉지 않으려 한다고도 했다. 그 얘길 들으니 나도 그런 일이 있었던 게 생각났다. 5학년 때인가 6학년 때였는데, 우리 반 어떤 남자애한테서 지린내가 나서 한참을 여자애들끼리 쑥덕거리며 짝하기 싫어했던 적이 있었다. 그 남자애는 우리가 자기를 두고 그런 얘길 했던 걸 알고 있었을까 모르겠다. 크게 티를 냈던 것 같지는 않은데, 별 상처 없이 모르고 지나갔길 바란다.

사춘기 초입인 초등 고학년 무렵부터 아이들 사이에서 '냄새난다', '더럽다'며 피하거나 따돌리는 사례들이 종종 나타난다. 몸에서 나는 냄새나 비염, 아토피 등을 이유로 들어 면박을 주거나 따돌린다. 때로는 가무잡잡한 얼굴과 어눌한 말투만 보고 '더럽다'며 놀리기도 한다. 한번 이런 말이 나면 주변으로 쉽게 퍼지기도 하고 그 아이의 대표 이미지로 각인되어 지속적인 괴롭힘거리가 된다. 그로 인한 상처는 꽤 오랫동안 아이의 마음에 남는다.

상대편 아이의 부모나 담임 선생님에게 말해도 그다지 도움이 안 되는 경우도 있다. 상대편 엄마들 중에는 자기 자식을 자기도 어쩌지 못한다고 미안해하기도 하고, 담임 선생님이 중재하려고 애를 쓰기도 한다. 하지만 아이들은 아랑곳하지 않고 더 심하게 행동하기도 한다. 한 걸음 멀리 떨어져 있는 어른의 힘보다 자기들끼리 영향력이 더 큰 시기라 적절히 개입하여 효과를 보기가 쉽지 않다.

이때의 아이들은 외모에 관심이 많고, 남들에게 보이는 이미지에 예민하고, 친구 관계를 더 중요시하고, 자기 견해와 주장에 대한 고집도 세다. 특히 여자아이들의 경우, 동성 그룹에서 우리 편이냐 우리 편이 아니냐의 문제가 굉장히 중요하다. 무리에 속하지 않으면 소외와 따돌림을 겪기 때문에 자기 의견과 달라도 동조를 하게 된다. 모든 아이들이 다 그렇진 않지만, 자신의 스트레스와 불만을 또래 관계에서 배척과 무리 짓기 형태로 쏟아내는 아이들도 있다. 이런 아이들의 경우는 어떻게 보면 근본 문제가 자기 자신에게 있고, '분풀이 대상'을 필요로 하는 것이다.

외모가 청결하지 않거나 옷을 잘 입지 못하거나 공부를 못하는 등 자기보다 만만해 보이는 아이를 무시하고 괴롭히는 경우가 많다. 내 아이가 이런 상황에 있다는 걸 알게 되면 참 난감해진다. 아이들 사이의 일인 것 같아 내 아이가 좀 더 잘 대처하기를 바라는 마음도 생기고, 괜히 엄마가 나섰다가 역효과가 나는 경우도 많다고 하니 어떻게 해야 할지 조심스럽다. 그렇다고 철없는 아이들의 일이라고 넘기기에는 내 아이의 상처가 너무 아프게 다가온다.

사춘기가 되면 신체적인 변화가 본격적으로 일어나는데, 이 과정에서 '사춘기 냄새'가 난다. 몸과 머리에서 분비되는 성호르몬과 땀이 원인인데, 양이나 농도에 따라 냄새의 정도가 다르다고 한다. 여자아이들보다 남자아이들에게서 성호르몬의 분해물이 더 많이 분비되다 보니 아들 방에서 나는 냄새가 더 고약하다. 또한 남자들에 비해 여자들이 이 냄새에 더 심하게 거부 반응을 보인다. 그 밖에도 몸의 변화에 따라 냄새가 날 요인들은 많다. 때로는 냄새는 둘째치고 가정의 돌봄 부족으로 세탁이 충분치 않아 지저분한 교복, 비듬과 기름이 많이 긴 머리 때문에 냄새를 상상하게 되는 경우도 있다. 어떤 경우든 외모 전반에서 청결 상태를 확인하고 관리할 수 있도록 해야 한다. 많은 경우 잘 씻는 것만으로도 해결이 된다.

정상적인 냄새인지 치료를 받아야 할 냄새인지도 관심을 둘 필요가 있다. 또 냄새에 지나치게 예민해져 일상생활이나 대인 관계에 문제가 생길 정도는 아닌지 살펴봐야 한다. 별다른 문제가 없다고 진단을 받아도 냄새에 집착하게 되는 경우라면, 가정 불화나 애정 결핍에 따른 불안, 성취의 좌절로 인한 열등감 같은 심리적인 문제가 내면에 깔려 있을 수도 있다. 때로는 액취증 때문에 냄새가 날 수도 있다. 그런 경우라면 전문적인 진단과 치료를 받는 것이 일상생활을 건강하게 해낼 수 있도록 돕는 길이다.

버리는 습관

"방이 이게 뭐니? 쓰레기장도 아니고……."라는 잔소리로 아이와 실랑이를 곧잘 한다. "빨리 치워~" 하며 재촉도 하는데 아이 상태가 좋을 땐 "아, 잠깐만, 이것만 하고.", 그보다 안 좋을 땐 "내 방이니까 내가 알아서 할 거야, 신경 쓰지 마.", "잔소리할 거면 내 방에 들어오지 마."라고 한다. 어떨 땐 아예 대답도 없다. 매번 못 참는 내가 버럭 하고 다그치면 뾰로통해져서 휙휙 건성으로 치운다. 아이가 사춘기가 되니 영역 표시의 종류도 많아지고 범위도 넓어져서 어떻게 손을 댈 수가 없다. 걸어 다닐 동선을 그대로 알 수 있을 정도로 책가방이며 양말이며 옷이며 과자 봉지가 방바닥에 나뒹군다.

부모는 아이들이 유아기, 아동기를 지나 사춘기 즈음이 되면 스스로 알아서 정리 정돈을 하지 않을까 하는 기대를 본격적으로 하게 된다. 그런데 이 무렵 아이들은 인생에서 그 어느 때보다 더 정신없고 어질러진 시기를 보내게 되니 충돌이 있을 수밖에 없다. 이때는 원래 무질서한 시기니까 이 상태를 허용해주는 게 맞지 않나 싶기도 하고, 일생의 생활 태도나 습관을 형성하는 시기니까 정리 정돈을 스스로 하게 독려해야 한다는 생각이 들기도 한다.

둘 다 맞는 말이다. 자기 공간에서 자기 방식대로 사는 것을 인정해주고, 자신의 정체성이나 독립성을 키워 나가는 것을 환영해주고 싶다. 혼란스러운 것처럼 보이지만 그 안에도 질서가 있을 수 있고, 자신의 공간을 사용하는 아이의 자율성을 믿어줘야 한다고 생각한다.

그런데 이 마음이 오래가지는 않는다. 아이의 무질서가 공동 영역을 침범하는 면도 많고, 또 아이의 미래를 위해서 부모로서 책임을 다하고 싶다는 생각도 든다. '깨진 유리창 법칙'이라는 게 있다. 한 장의 깨진 유리창처럼 사소한 것을 방치하면 나중에는 더 큰 범죄나 사회 문제로 이어진다는 것이다. 방 청소라는 작은 문제가 아이의 인생, 미래까지 연결될 수도 있다. 지저분한 방은 아이들에게 유해한 책이나 물건들을 숨기고 있을 수 있고, 아이들이 어떤 고민과 방황을 하고 있는지 놓치기 쉽다는 것을 의미한다.

어떤 경우든 부모 자신이 무엇을 원하는지 어떤 방향으로 가고 있는지는 알고 있어야 한다. 단, 일관성 없는 태도는 좋지 않다. 어떨 땐 어지럽히는 걸 허용해주는 태도였다가 어느 날 갑자기 "방이 이게 뭐냐."며 잔소리를 쏟아내면 안 된다. 또는 말을 듣지 않는 아이를 이기지 못해서, 바쁜 아이가 안쓰러워서 대신 청소며 정리 정돈을 해주면서도 주기적으로 아이와 실랑이를 하는 것도 문제다. 이럴 바엔 아예 안 해주는 편이 낫다.

만약 아이가 정리 정돈을 원한다면 일단, 버리게 해야 한다. 너무 많은 물건을 가지고 있으면 그것들의 효용 가치를 모르게 된다. 가방 안 구겨진 학습지나 가정 통신문, 문구 용품이나 액세서리 및 화장품을 정리하는 것으로 시작해보는 것도 좋다. 필요하지 않은 것이 뭔지 분류하고 결정하는 행위는 중요하다. 그 과정에서 판단이 어려운 것은 유예 기간을 두고 결정하면 된다. 또 습관이 배어 있지 않다면 정리하는 기본 방법을 가르쳐주면서 하나하나 재미를 느껴보게 하는 것도 좋다.

공부 말고 다른 길에 선다면

\\\\\\\

우리 집 아이들은 둘 다 일곱 살, 여덟 살 무렵부터 예체능 교육을 받았다. 재능이 있나 하는 마음에서 시작한 것은 아니고 삶을 살아가는 데 공부 말고도 다른 특기가 필요할 것 같았다. 사실 교양으로서 특기 활동을 생각한 거였다.

요즘은 예체능 분야 등에서 특기 하나쯤은 있어야 하는 분위기다. 예체능계로 진로 설정을 하는 경우도 많아서 특기를 넘어 아이가 특정 분야에 재능이 있었으면 하는 바람으로 이런 교육을 하는 부모들도 많다. 부모들은 다소 접근성이 낮은 특별 활동으로 차별화된 특기를 만들어주고 싶어 한다. 과거와 달리 이런 특기가 진로로 이어졌으면 하는 바람도 크다.

이런 활동과 관련해서 진로를 어느 정도 좁히게 되는 사춘기 즈음에 부모 자녀 사이 갈등이 생기곤 한다. 단순히 재미를 느끼거나 좋아하는 것인데 부모가 큰 기대를 품거나 반대로 부모는 별로 좋아하지 않거나 재능이 없어 보이는데 아이가 갑자기 흥미 이상의 관심을 보이는 게 대표적인 갈등의 이유다.

타고난 재능인지, 그냥 그 분야를 좋아하는 것인지, 많이 노출돼서 잘하는 것인지 살펴보는 게 쉽지는 않다. 재능이 있어도 아직 흥미가 생기지 않았을 수도 있다. 타고난 재능보다는 흥미나 많은 경험으로 잘하는 것처럼 보일 수도 있다. 어쨌든 "시간과 돈, 노력을 투자했는데 왜 이러냐."며 채근해선 안 된다. 부모 자신의 이루지 못한 꿈을 아이에게 투사하는 건 아닌지도 점검해 봐야 한다.

아이가 특정 분야에 재능이 있었으면 하는 바람으로 부모가 어떤 활동을 시켰던 경우 너무 조바심을 내선 안 된다. 타고난 재능이 필요한 분야에서는 아이 기질도 객관적으로 잘 살펴봐야 한다. 느리거나 고집이 센 아이를 부모의 속도와 틀에 맞추고자 하면 아이는 아예 손을 놓게 되기 쉽다. 순응적인 아이라면 부모가 제시하는 교육에 맞춰 재능도 키워질 것이다

반대로 사춘기 때 엄청난 열정으로 특정 분야를 희망하는 아이들도 있다. 많은 아이들이 노래하고 춤추는 연예인이나 웹툰 작가를 희망한다. "무조건 안 돼.", "네 재능으로는 턱도 없다."라는 접근으로는 문제가 커진다. 아이가 뜻을 접더라도 관계가 상한다. 사춘기 시기 반항과 맞물려 심하게 엇나갈 수도 있다. 이후

다른 선택과 도전에 필요한 열정과 의지가 줄어들 수도 있다.

적극적으로 관련 경험을 해보게 한다. 아이 수준이 어느 정도인지 객관적으로 확인할 기회가 필요하다. 관련 학원을 찾아가 상담받는 것도 좋다. 어떤 과정을 거쳐야 하는지 그 분야 전문 자료를 함께 찾아보고 공부하는 것도 좋다. 노래를 잘한다고 모두 가수가 되는 건 아니라는 점 등을 아는 것도 중요하다.

아이가 내가 생각하던 영역의 재능을 갖고 있지 않거나 내가 별로 좋아하지 않았던 분야의 재능을 갖고 있다면 어떨까. 피아노에 재능이 없는 우리 집 아이는 피아노를 치고 있으면 기분이 좋아진단다. 그 정도도 좋지 않은가. 아이의 재능과 부모의 삶을 혼동하지 않는 태도도 필요하다. 꿈 없는 아이들이 많은 시대에 내 아이가 자기 재능을 발견하고 그것으로 삶을 누리겠다면 그 자체로 응원할 일 아닌가.

사춘기가 한창인 우리 둘째도 자기 꿈, 진로, 장래 문제로 속을 끓이고 괴로워하는 중이다. 지금 이 시기에 할 수 있는 고민이고 혼란이다 싶은데, 아이는 내가 자신의 고민을 가볍게 받아들인다고 화를 내거나 입을 다문다. 그리고 내가 학교에서 만나는 또 한 명의 아이. 이 아이도 자신의 꿈, 진로에 대해 고민이 있었다. 친구 따라 시작하게 된 운동이 참 좋고 운동을 하고 있으면 그렇게 행복하단다. 그 운동으로 진로를 찾고 싶은데 부모님이 싫어해서 계속할 수 있을지 모르겠다고 했다. 용돈을 모아놓은 것으로 몇 개월치 수강료를 내서라도 할 수 있는 데까지 해보겠다고 했다. 한데 아이 눈빛이 얼마 전부터 완전히 바뀌어 있었다.

사춘기는 그 자체로도 불안이 많은 시기다. 자신이 원하는 걸 위해서는 막무가내로 고집 피우고 마음대로 하는 것 같지만, 동시에 잘할 수 있을까 주저한다. 부모나 어른이 "이건 이런 부분이 좀 걸리고 저건 저래서 문제인데……"라는 식으로 말하면 벌컥 화를 내다가도 '그래, 내가 뭘 할 수 있겠어. 잘 안 될 거야. 이젠 하고 싶은 것도 없어.'라며 자신감을 잃고 무기력한 모습을 보인다.

"그 분야는 안 돼, 가능성 없고. 그냥 공부나 열심히 해." 그 아이도 부모님 말씀에 흔들렸던 모양이다. 운동을 안 하기로 했고, 이젠 그쪽 진로에도 관심이 없어졌다고 했다. 공부를 잘하진 않았지만 생기 있는 눈빛으로 수업에 집중하던 태도가 사라졌다. 건성건성 듣고 흘리는 게 보였다. 그 부모님이 원한 게 아이의 이런 모습이었을까?

부모와 생각이 다르더라도 아이가 꿈을 품고 몰입하는 게 있다면 일단 인정해주자. 기왕이면 열심히 해보라고 지지해주면 좋겠다. 물론 아이의 흥미를 제외하고, 실제 능력이나 신체 조건,

경제력 등 현실적인 요건을 무시할 수 없다. 그런 조건을 고려해 한두 가지 정도 부모의 희망 사항을 추가해볼 수도 있다. 예를 들면 운동을 주로 하되, 학교 과제에 소홀하지 않거나 운동과 관련된 정보를 찾고 검색하는 데 필요한 영어 공부를 어느 정도 하는 것 등이 있겠다. 그다음 현실이라는 벽에 부딪혀 뭔가 막막해하면 그때 이야기를 나누면 된다. 더 노력해볼 수 있는 것과 조금 다른 길을 찾아갈 수 있는 방법을 말이다. 둘러 가는 것도 의미가 있다. 헤맬 기회를 주는 게 필요하다.

아이가 헛일한다 싶어도 그런 시도 자체를 부러워하는 부모들도 있다. 자신이 원하는 소소한 일에 집중하고 성취해내는 에너지가 있어야 삶에 의미와 즐거움을 주는 또 다른 것에 도전할 수 있다.

늘 성공만 하는 인생은 없다

"갑자기 하기 싫어졌어. 귀찮기도 하고, 어차피 못할 것 같은 데 시간 낭비 하는 것 같고."

아이가 너무너무 하고 싶다고 한 일이 있었다. 그런데 선발을 위한 시험 전날이 되니까 기분이 안 좋다면서 징징거렸다. "네가 굉장히 원하는 거니까 걱정도 되고 그럴 수 있어. 안 돼도 괜찮아. 경험이 중요한 거야. 할 수 있는 만큼만 해보자." 이런 말로 격려해주려 했는데도 별 도움이 안 된단다. 걱정과 불안이 크게 널어서지 않으니 그렇겠나 싶으면서도 내가 받는 스트레스를 생각하니 억울했다. 진짜로 포기할 것도 아니면서 계속 징징거리며 하소연하는 아이의 말을, 마음을 잘 들어주는 게 어렵다.

우리 집 애는 왜 이렇게 자신감이 없는 걸까? "잘해야지. 꼭 합격해. 100점 받아야지. 이것밖에 못 해? 실망했어." 이런 말을 아이에게 직접 한 적이 없어 딱히 부담을 줬다는 생각이 들지 않았다. 타고난 기질이나 성격 때문에 그럴 수도 있겠다 싶지만, 가만히 생각해보면 아이가 실수하거나 잘못했을 때 내가 한 행동 중에 문제 있는 대처가 있었던 것 같다. 며칠 전 밤에 아이한테 했던 격렬한 잔소리도 생각난다. "엄마가 얘기해줬잖아. 그걸 잊어버리면 어떡해? 너도 참!" 등등. 전날 중요한 사항이라고 미리 알려줬는데도 놓치고 그냥 온 거였다. 왜 이렇게 답답하게 구는 건지. 순간 욱해서 쓸모도 없는 '독백'을 했다.

부모는 자녀가 무엇이든 최선을 다하고 적극적이길 바란다. 실수나 실패를 두려워하지 않고 도전하길 바란다. 또 포기할 때는 구질구질하지 않고 산뜻해야 한다. 부모의 욕심이다. 나도 잘 안 되는 걸 내 아이는 할 수 있길 바라는 거다. 실제 부모의 이런 바람과는 반대로 부모가 지지하고 격려하는 행동이 아이를 더욱 의기소침하게 만들거나 스스로 쓸모없는 사람이라 여기게 하기도 한다.

"최선을 다하는 거야." "열심히 하면 돼." "넌 할 수 있어." "계속해봐, 포기하지 마." 이런 말에 아이가 얼마나 많이 노출되었을까. 열심히 하지 않으면 뭔가 문제가 있는 거고, 부족한 사람이라는 생각을 저절로 하게 되지 않았을까. 못하는 걸 용납하지 않는 분위기는 아니었을까. 계속 열심히 해서 더 발전하고 향상되는 것을 강요하지 않았을까.

"틀려도 괜찮아, 잘 안 돼도 괜찮아, 경험 삼아 해보는 거지."
이렇게 과정을 중요시하는 태도는 아이가 결과에 대한 지나친
부담 없이 원하는 것을 이루기 위해 노력할 수 있게 돕는다. 누
구나 다 성공하는 것도 아니고, 어떤 것이든 다 성취할 수 있는
것도 아니다. 열심히 해도 실패할 수 있다. 또 모든 일에 항상 최
선을 다할 수도 없다. 할 수 있는 일이 점점 많아지다 보면 포기
해야 할 일도 생긴다.

포기와 실패는 같은 말이 아니다. 적절한 순간에 그만둘 줄 아
는 것도 큰 용기고 지혜다. 부모인 우리는 성공만 하는 인생이
없다는 걸 이미 잘 알고 있지 않은가. 아이에게도 포기할 수 있
는 여유를 주자. 마음먹었던 일이나 하던 일을 그만둘 수도 있다
는 걸 가르쳐주는 게 필요하다.

간섭과 관심의 차이

〰〰〰

　큰아이 고등학교 원서 쓰는 문제로 한창 의견이 분분할 때였다. 일반고 원서를 쓰는 거라 특별하게 고민하지 않을 줄 알았는데 그게 아니었다. 이래저래 후보로 삼은 세 학교 가운데 한 곳을 선택하기가 쉽지 않았다. 남편과 내가 바라는 곳은 아이가 "친한 애들이 안 간다."며 난색을 표했고, 아이가 갈까 하는 곳은 우리 동네에서 살짝 벗어나 있고 전혀 생각지도 않았던 학교여서 내키지 않았다. 나머지 학교도 이런저런 이유로 약간씩 엇갈렸다. 몇 차례 얘기를 나누는 과정에서 아이는 트집도 잡고 짜증스러워했다. 정말 친구들을 따라가길 원한다면 보내야겠다 생각하고 그렇게 말해줬는데도 아이는 자신이 원하는 바를 분명히 하는 걸 힘들어했다. 물론 우리의 권유를 받아들이는 것도 계속 주저했다. 자신도 얼마나 답답했는지 차라리 '빵빵이'로 정하면 좋겠다는 말까지 했다.

예전에 여름 내내 가출했다가 학교로 돌아온 중3 아이가 있었다. 그 아이도 고등학교 원서를 쓰면서 많은 고민을 했던 게 기억난다. 출결 상황에 이미 감점이 많았기 때문에 마땅히 어디를 가겠다 결정하기가 어려운 상황이었다. 그때 아이가 제일 힘들어했던 건, 오랜 시간 가정이 안정적이지 않았기 때문에 주변에 마땅히 의논할 사람이 없다는 거였다. "고등학교 어디 가야 하나 걱정이에요. 마음이 미치겠고 힘들어요. 부모님과는 원래 얘기 잘 안 하고, 학교 이런 거 잘 모르시니까. 정확히 잡아주고, 알려주는 사람이 없으니까 답답하죠. 뭐라도 막 하라 그러면 좋겠다 싶기도 하고. 후회도 많이 돼요." 그렇게 고민을 거듭하던 중에 아이는 주저주저하면서 주변 어른들에게 자신의 상황을 얘기하고 왔다. "그래도 고등학교 문제니까. 어른들한테 얘기해야 더 나은 학교 갈 수 있으니까……. 혼자 생각하는 것보다 어른들한테 얘기하는 게 더 낫잖아요. 가족한테 처음 얘기했어요. 학교 생활, 성적. 그런데 말했더니 도리어 잘 받아주고, 좋은 말씀 많이 해주셔서……, 생각지도 못했는데……."

요즘 부모들은 자녀에게 어느 학교에 가야 한다고 강요하는 게 예전보다는 덜한 것 같다. 아이의 선택과 결정을 더 존중해주는 쪽으로 가는 것 같으면서도 또 한편으론 부모의 자신감이 떨어졌기 때문이 아닌가 싶기도 하다. 실제로 괜히 부모가 결정했다가 나중에 아이의 원망을 듣게 될까 봐 가급적 아이가 원하는 걸 들어주려 한다는 얘길 주변에서 많이 듣는다. 나중에 학업이나 대인 관계에서 적응을 잘 못하거나 문제가 생길 때 "이게 다 엄마 탓이야!"라며 원망을 쏟아낸다면 그 원망을 다 받아낼 자신이 없는 거다. 이렇게 된 데는 세상이 많이 바뀐 탓도 있는 것 같다. 진학이며 진로 문제 등이 예전처럼 단순하지 않아 경험자인 부모조차도 한 치 앞을 내다보기 어려운 상황이다. 결과를 책임질 자신이 없으니 아이한테 강하게 권할 수가 없다.

부모인 나도 이런 마음인데 아이는 오죽할까 싶다. 자기가 원하는 대로 결정하자니 자신의 선택을 후회하지 않을지 불안하다. 부모가 권하는 학교를 무조건 거부하는 건 큰 부담이다. 그렇다고 부모의 권유대로 하자니 마음에 차지 않아 괴롭다.

사춘기 아이들이 뭐든 다 자기 마음대로 하려고 하는 것 같지만, 그렇게 독립성만으로 가득 차 있진 않다. 자신의 뜻대로 행동하길 원하면서도 한편으로는 자신의 가치나 선택에 대해서 허락받고 싶어 하고, 위로와 지지를 얻고 싶어 한다. 아직은 모호한 미래에 대한 두려움과 어른의 세계에 대한 불안 또한 적지 않기 때문에 부모나 다른 어른으로부터 도움을 받고 싶어 하는 의존성이 분명히 있다.

의존성과 불안은 서로 함께한다. 의존하고 싶은데 의존하지 못하게 되면 불안해지고, 이 불안이 다시 의존하게 만든다. 그러니 함께 얘기를 나눌 가까운 상대가 되어주는 것부터 시작하면 좋겠다. "같이 한번 알아보자. 엄마, 아빠도 좀 더 찾아볼게. 너도 친구들에게 물어보고 더 얘기해보자." 어떤 결정을 내리는지는 중요하지 않다. 선택을 하기까지 아이가 원할 때 곁에서 관심을 기울이는 게 중요하다. 그 과정에서 아이가 원하는 것을 두고 즉각적인 반대나 비난은 하지 말아야겠다. 만약 아이의 선택이 걱정되는 쪽이라면 부모의 염려도 전하면 좋다. 그럴 때라도 먼저 아이의 표면적인 말이 아니라 아이가 정말 원하는 바가 뭔지를 알려고 해야 한다. 그러고 나서 "이렇게 해보는 건 어떨까?" 권유해볼 수도 있겠다. 이런 말에 아이가 투덜거린다 해도 "그럼 네 생각은 어떠니?"라고 물어서 다시 들어보면 된다.

아이들은 감시나 간섭은 원하지 않지만 관심은 원한다. 아이가 자신의 독립성을 느낄 수 있으면서도 부모의 도움을 요청할 수 있는, 의존성까지 잘 충족시켜줄 수 있는 그 거리를 정하는 것, 즉 '경계선을 잘 세우는 일'이 부모의 중요한 역할이 아닐까 싶다.

겨울방학 함께하기

//////

　겨울방학이다. 방학하기 바로 직전까지 상담실이 붐볐는데, 다녀간 아이들은 잠시 숨을 고르고 있는지 궁금하다. 학기 말, 특히 학년 말엔 갑작스런 사건, 사고가 많이 일어난다. 거의 매해 학기 말에 갑자기 터진 일로 방학식 날까지, 때로는 방학식 이후 며칠 동안을 학교에서 아이들이나 학부모들을 만나며 해결의 과정을 거치곤 한다. 그럴 때는 '아, 왜 이제야……. 좀 더 일찍 드러났으면 더 잘 개입할 수 있었을 텐데.' 하는 생각이 들기도 한다. 한편으로는 아이들 나름대로 참고 참았던 것이 삐져나오는 것이라고 이해가 되기도 한다.

　학기 초에는 낯선 환경에 대한 경계와 불안으로 아이들이 예민해지는데, 학기 말에는 그사이 누적된 스트레스 때문에 아이들이 주로 짜증과 화를 발산하게 되는 것 같다. 때로는 지치고 우울해져 눈물을 매달고 있기도 한다. 분노를 표출하는 쪽 아이들은 친구가 그냥 힐끗 보는 눈초리에도 발끈해서 "왜 째려보냐?"고 따져 묻고 으박지르기 십상이다. 사실 이럴 때 어떤 대답을 해도 성에 차질 않는다. "안 째려봤는데?"라고 대답해도 거짓말한다고 다그치거나 말투가 '싸가지없다'고 더 펄펄 뛴다. 무서운 기세에 눌려 아무 말 못 하고 있으면 또 "내 말 씹냐?"며 분통을 터트린다. 복도를 지나가다 어깨를 부딪쳐도 자신을 공격한다고 받아들여 바로 주먹질을 하기도 한다.

우울해하는 쪽 아이들은 눈물과 함께 마음의 불안과 분노를 다스리지 못해 복잡해진 마음을 호소한다. 막상 자신을 힘들게 하는 상대에게는 표현하지 못하고 속앓이를 해온 것이다. 그동안 자신이 당해 왔던 것들이 새록새록 떠올라서 "요즘도 그애를 볼 때마다 짜증나고 화가 치밀어 올라요. 그때 당했던 걸 갚아주고 싶은 마음이 좀 있어요. 이런 생각 들면 안 되지만, 제가 당했던 것처럼 개도 당했으면 좋겠어요."라고 말하기도 한다. 때로는 두통과 집중력 저하, 기운 없음, 식욕부진, 메스꺼움, 느끼한 감기 증상 등 신체적 증상들을 많이 호소한다. 병원에 가도 스트레스가 원인이라고 한다.

이런 상태에서 아이들은 감정을 제대로 싸매지도 못하고 방학을 맞이한다. 방학이 잠깐이라 하더라도 숨 돌릴 수 있는 시간과 공간을 제공해주기 때문에 아이들은 이 시간을 손꼽아 기다린다.

이 기간 동안 모든 것을 잠시 덮어 두고 관계의 시소에서 내려와 학업이나 새로운 이들과 놀이에 집중하기도 한다. 실제로 방학 기간에 안정감과 자신감을 충전하는 경우도 종종 있다. 새로운 영역에서 만난 친구들과 돈독해져 오기도 하고 반대로 일탈 경험이 더해져 오기도 한다. 방학 동안 늦은 기상과 취침이 반복적으로 이어지고, 하루 종일 컴퓨터나 스마트폰에 매달려 있는 '디지털 폐인 생활'을 하는 경우도 있다.

아이들은 자신들 나름의 복잡한 고민과 괴로움에 지쳐서 그나마 할 수 있는 일을 하고 있는 것인데, 부모들은 아이의 미래를 걱정하면서 아이의 빈둥거리는 방학 생활을 견디기 힘들어한다. 부모 입장에선 꼭 공부가 아니라도 좋으니 활기차게 뭔가를 열심히 하는 모습을 보고 싶다고 생각한다. 솔직히 내 아이가 매사 '열심히'면 좋겠다는 그런 생각을 하게 되는 것이다. 어떻게 보면 참 무서운 생각이다. 부모 자신이 안심하기 위해 아이들을 끊임없이 움직이게 만드는 것일 수 있기 때문이다. 많은 부모들이 긴 학기 동안 학업과 관계에 지친 아이들을 여유롭게 쉬게 놔두지 못한다. 아이는 자신이 겪었던 불안과 고민을 말하고 위로받길 원하지만, 말할 수 없는 그런 분위기였을 것이다. 그런 시간들이 쌓이면서 말문을 더 닫고 혼자만의 속앓이를 하지 않았을까 싶다.

"아이와 함께 있는 시간을 늘려주세요.""아이와 함께 여행을 가보세요." 같은 권유가 적절하고 효과적일 수 있지만, 가정마다 사정이 달라 뜬구름 잡는 소리가 될 수도 있다. 함께하는 시간이 많다고 해서 사춘기 아이들이 자신의 세계를 열어 보이는 건 아니다. 차라리 이번 방학 때 해보고 싶은 게 뭐가 있는지, 뭘 좀 더 채우면 다음 학기엔 나아질 것 같은지 물어보는 게 좋다. 평소 이런 대화를 나누는 관계가 아니었다면 한 번이 아니라 조금씩 여러 차례 문을 두드려봐야 할 것이다. 학교 아이들에게 이번 겨울방학 때 해보고 싶은 일이 뭐냐고 물었더니, '이틀 연속 자기, 잠자는 시간 줄여보기, 여드름 없애기, 살 빼기, 복근 만들기, 친구네 집에 초대 받아보기, 친구들이랑 겨울 바다 가보기, 가족 여행, 일본 애니메이션 자막 없이 보기, 완전 예쁘게 꾸미고 동대문디자인플라자(DDP) 가서 모델들이랑 사진 찍기, 한국사능력시험 잘 보기, 방과후수업 지각하지 않고 잘 듣기, 예·복습 하기 등'을 꼽았다. 가정에서도 아이와 함께 각자 해보고 싶은 일들을 써보고 서로 챙겨주는 것도 의미가 있겠다. 대단한 역할 모델이 따로 있는 게 아니다. 생활 속에서 자신의 일이나 취미 활동 등을 꾸준히 해 나가는 부모를 보는 것만으로도 아이들은 배우는 게 많다.

더 넓은 세상으로 떠나보내며

\\\\\\

나는 참 겁이 많은 엄마다. 특히 아이들이 어렸을 때는 바깥세상이 그렇게 위험하게 느껴질 수가 없었다. 그런저런 연유로 우리 집 아이들은 초등 고학년이 되어서도 친구들과 밖에서 따로 만나 노는 일이 거의 없었다. 그런데 큰애가 6학년이던 어느 날 "엄마, 나 대전에서 하는 정모에 갈래."라고 했다. 그 무렵 큰애는 만화 관련 카페 활동을 한창 하고 있었는데, 거기서 전국 정기 모임 얘기가 나왔던 모양이다.

사춘기 아이들이 가정, 부모의 품을 벗어나 또래와 바깥세상으로 눈을 옮긴다는 걸 알고는 있었지만, 그때까지도 나는 준비가 되어 있지 않았다. 아이 혼자서 그렇게 먼 곳에, 거기다 한 번 본 적도 없는 사람들을 만나러 간다니 그건 '안 되는 일'이었다. 안전도 걱정되고, 낯선 아이들과의 만남도 신경 쓰였다. 또 지나치게 앞서 나가는 생각이었지만, 특정 관심사에 심취해서 현재의 생활, 공부에 소홀해지는 건 아닐까 염려도 되었다. 아이의 독립 욕구를 꺾어버리고 싶지는 않았다. 그렇다고 쿨하게 지지해주면서 지켜볼 배짱도 없었다.

일단은 허락하는 것으로 했다. "먼 곳에 혼자 보내는 것도, 아이들끼리만 모인다는 것도 아직까지는 걱정되는 게 많아. 엄마나 아빠가 보호자로 같이 목적지까지 가고 너희끼리 만나는 동안에는 근처에서 따로 시간을 보내고 있을게. 그런 조건이 가능한지 그 아이들에게 물어봐. 된다면 오케이!" 그렇게 잘 해결이 됐다. 그 정모는 모임 날짜를 정하다가 무산되었다.

내가 알던 범위를 벗어난 아이의 세계에 어떻게 끈을 연결하고 있어야 할까? 그리고 "내가 알아서 해요."라고 하면서도 뒷감당은 못하는 아이를 어떻게 자기 행동에 책임질 수 있게 도와야 할까? 아이의 경험을 차단하거나 부모의 일방적인 해결 방식을 강요하는 것은 성장과 독립에 보탬이 안 된다. 열등감이나 적대감, 반항심을 키울 뿐이다.

부모 자신의 불안을 먼저 다스리자. 부모 개인의 성격적 특성이나 불안정한 성장 경험 탓에 불안이 더 증폭되고, 아이의 모든 행동이 걱정거리로 여겨질 수 있다. 그러나 아이의 독립 시도를 지지하고 지켜보는 것은 그만한 보상을 준다. 더 넓은 세상과의 만남은 아이들에게 자신을 확장할 수 있는 기회를 준다. 부모가 아닌 바깥세상의 사람들과 관계를 맺으며 자신이 어떤 사람인지를 스스로 배우게 된다. 지나친 낙관주의, '우리 아이는 절대 그럴 리가 없어.'라는 태도도 문제지만, 최악의 상황만을 떠올리는 극단적인 모습도 도움이 안 된다.

아이의 낯설고 이질적인 모습을 소외감보다는 호기심으로 대하면 좋겠다. 이 시기 아이들이 다방면에 관심을 갖는 것은 정상적인 흐름이다. 새롭게 시도하는 것도 많고 금방 흥미를 잃기도 한다. 아이와 나 사이에 꽤 많은 차이점을 발견하게 될 것이다. 그동안의 친밀했던 관계가 어색해지고, 함께하는 게 불편해질 수 있다. 아이의 변화와 새로운 모습에 관심을 갖고 귀를 기울이는 것이 이 시기 아이와 연결되어 있을 수 있는 효과적인 태도다. 한편 아이가 내 품을 벗어나는 것을 서운해하지 말고, 아이가 어른이 되어 가고 있음에 감사해야 한다. 자신을 잘 돌보는 사람이 되고 있는 것이다.

마지막으로 질문해보자. 아이가 부모인 나와 잘 연결되어 있나? 그 연결끈이 얼마나 튼튼한가? 그 끈은 얼마나 탄력이 있나? 아이가 가고 싶어 하는 방향으로 가도 충분히 늘어나는가? 때가 되면 그 끈을 아이가 끊어버릴 수 있는 정도인가? 아이가 끈으로 연결되어 있지 않아도 필요할 때 내 품을 찾아 돌아오는 방향을 알고 있는가?

사랑스럽던 내 아이는 어디로 갔을까?

〰〰〰〰

부모는 저절로 되는 줄 알았다. 두 아이를 낳아 기르기 전까진 부모 역할에 대해 고민해본 적이 없었다. 막연히 아기 낳을 때 아프고 무섭겠다는 생각은 해봤어도 말이다. 정말 찬찬히 생각해봐야 할 것들에 대해선 시간을 내서 들여다본 적도, 공부해본 적도 없다. 덕분에 아이를 둘이나 낳을 수 있었는지 모르겠다. 뿌듯하고 행복한 순간도 많지만 괴로움도 만만찮게 경험하고 있다. 다른 부모들도 나와 비슷하지 않을까.

아이들이 사춘기가 되면 여태껏 멋모르고 해오던 부모 역할이 흔들리기 십상이다. 아이는 그동안 내 품에 있던 그 아이가 아닌 것 같고 낯설기만 하다. 말수도 줄었지만, 마음속 번역기가 고장이 난 것인지 주고받는 말이 도대체 통하지 않는다. 참 이상하다. 다 큰 어른이지만 사춘기 아이랑 씨름하다 보면 화나고 속상한 것은 말할 것도 없고, 당황스럽고 억울할 때도 많다.

사춘기 자녀와 함께하기 위해서 뭘 어떻게 하는 게 좋을까. 정답은 없다. 문제와 답 사이에 변수가 너무 많다. 그리고 사람의 일에 어떻게 한 가지 정답만 있겠나. 해법이 하나라고 단정하고 들어가면 도리어 그때부터 문제 풀기가 더 어려워진다. 그래도 몇 가지 새겨들어야 하는 마음가짐과 태도에 대한 조언은 있다.

아이의 말을 웃으면서 듣지 않기. 어떤 이유로든 비웃어서는 안 된다. 아이들은 이런 행동을 매우 싫어하고, 여기서 상처를 많이 받는다. 자기 고민을 가볍고 대수롭지 않게 받아들인다고 여길 수 있다. 스스로 감당하지 못할 만큼 힘들고 괴로운 일인데, 그런 감정을 부모에게조차 이해받지 못한다는 마음이 들기 때문이다.

자존심 건드리지 않기. 부모 입장에서 받아들이기 힘든 생각이나 행동이라도 강압적인 태도나 무시하는 태도는 좋지 않다. 부모 말이 옳더라도 인정하지 않으려 할 것이다. 끝까지 밀어붙이지 말고 때로는 모른 척 넘어가거나 시간을 줄 필요도 있다.

'항상 너를 믿고 있고 나는 네 편이다'라는 믿음 주기. 이건 말로 되는 게 아니다. 부모 자신이 불안하고 흔들릴 때 이 말을 하는 건 도움이 안 된다. 또 "네가 무슨 잘못을 했으니 그렇지."라는 말은 아이의 마음을 다치게 한다. 부모도 내 편이 아니고, 나를 더 이상 사랑하지 않는다고 여기게 된다. 어떤 상황이든 아이

편에서 마음을 들어주고 이해해주는 게 먼저다. 아이 행동까지 무조건 옳다고 말하라는 건 아니다.

완벽한 부모는 없다. 우리가 이미 알고 있는 좋은 부모 역할을 하기 위해 노력하는 모습만으로도 아이들에게 긍정적인 영향을 끼칠 수 있다. 아이가 힘들고 지칠 때 에너지를 충전하고 회복하게 돕는 역할을 부모가 해준다면, 쉽지 않은 삶의 과정에서도 자신만의 빛깔이 있는 어른으로 자랄 것이다. 사춘기는 부모 자녀 관계가 더 단단해질 중요한 기회가 될 수 있다.

어느 날, 갑자기, 사춘기

2018년 4월 14일 초판 1쇄 발행
2023년 6월 19일 초판 3쇄 발행

- ■ 지은이 ──────── 윤다옥
- ■ 펴낸이 ──────── 한예원
- ■ 편집 ──────── 이승희, 윤슬기, 양경아, 김지희, 유가람
- ■ 본문 조판 ──────── 성인기획
- ■ 펴낸곳 　교양인

　　　우 04015 서울 마포구 망원로6길 57 3층

　　　전화 : 02)2266-2776 팩스 : 02)2266-2771

　　　e-mail : gyoyangin@naver.com

　　　출판등록 : 2003년 10월 13일 제2003-0060

ISBN 979-11-87064-23-7　03180

* 잘못 만들어진 책은 바꾸어드립니다.
* 값은 뒤표지에 있습니다.

이 도서의 국립중앙도서관 출판예정도서목록(CIP)은 서지정보유통지원시스템 홈페이지(http://seoji.nl.go.kr)와 국가자료공동목록시스템(http://www.nl.go.kr/kolisnet)에서 이용하실 수 있습니다.(CIP제어번호: CIP2018009276)